Gütersloher Taschenbücher / Siebenstern 701

Werner Schön

Praxishilfe: Puppen und Masken

Kreatives Spiel in der Jugendarbeit

Gütersloher Verlagshaus
Gerd Mohn

GTB · Jugendarbeit. Herausgegeben von Martin Affolderbach, Erich Eltzner, Herbert A. Gornik, Hans-Ulrich Kirchhoff

Originalausgabe

CIP-Kurztitelaufnahme der Deutschen Bibliothek

Schön, Werner:
Praxishilfe Puppen und Masken: Kreatives Spiel in d. Jugendarbeit / Werner Schön – Orig. Ausg. –
Gütersloh: Gütersloher Verlagshaus Mohn, 1979.
(Gütersloher Taschenbücher Siebenstern; 701; Jugendarbeit)
ISBN 3-579-00701-7

Graphik: Hartwig Amman
Fotos: Werner Schön

ISBN 3-579-00701-7

Gesamtherstellung: Clausen & Bosse, Leck
Umschlagentwurf: Dieter Rehder, Aachen
Printed in Germany

Inhalt

Ein kleiner Wegweiser durch das Buch

Wie soll der Leser mit diesem kleinen Taschenbuch umgehen? Es hätte seinen Zweck verfehlt, wenn es irgendwo im Bücherschrank in der guten Stube als Buchrücken verstauben würde. Es ist als Gebrauchsbuch gedacht und Eselsohren zeugen davon, daß es gelesen wird. Es sollte von haupt- und ehrenamtlichen Mitarbeitern und auch von den Jugendlichen selbst gelesen werden. Auch wenn man einen Teil überschlägt, wird es noch lesbar sein und Anregungen geben. Man muß also nicht unbedingt den ersten Teil gelesen haben, wenn man eine Maske anhand der Bauanleitung des dritten Teils herstellen will.

Der **erste Teil** des Buches soll zeigen, was man mit Masken und Puppen Jugendarbeit machen kann und warum dies kein Firlefanz zu sein braucht. Ein Ausflug in die Geschichte von Masken und Puppen und deren Bezug zur Volkskultur sollen das Verständnis für das Figurenspiel erweitern.

Im **zweiten Teil** regen Praxismodelle zur Nachahmung an. Vieles darin ist schon mit Erfolg erprobt worden. Ich habe es so aufgearbeitet, daß es von der Jugendarbeit vor Ort aufgegriffen werden kann.

Die Bauanleitungen im **dritten Teil** sind für sich verwendbar und enthalten auch Anregungen, die in den Modellen nicht erwähnt werden. Eine Literatur- und Adressenliste muntert auf, sich weiter mit Masken und Puppen zu beschäftigen.

An dieser Stelle möchte ich all denen danken, die durch ihre direkte oder indirekte Mitarbeit in Seminaren und Gesprächen mitgeholfen haben, dieses Buch zu erstellen. Viele Ideen, die sich in den konzeptionellen Vorschlägen zum Figurenspiel in der Jugendarbeit niederschlagen, sind in den Diskussionen im Rahmen der AGS (Arbeitsgemeinschaft Spiel in der Evangelischen Jugend) entstanden. Nicht zuletzt haben mich bei der Fertigstellung des Buches die Mitarbeiter im Amt für Jugendarbeit der Evangelischen Kirche von Westfalen kräftig unterstützt.

Und nun viel Spaß bei der Lektüre des Buches!

A. Die Welt der Masken und Puppen

1. Wo begegnen uns Masken und Puppen?

»Seid ihr alle da«? Den meisten Lesern wird wohl diese Frage des Kaspers einfallen, wenn sie an **Puppenspiel** denken. Kindheitserinnerungen werden mit Spielpuppen verbunden. Vielleicht hat der eine oder andere sogar eine eigene kleine Puppenbühne besessen, in der er mit dem Kasper, der Großmutter und dem Polizisten gespielt hat. Dann taucht da in den Erinnerungen noch der Verkehrskasper auf, der manchmal in den Schulen den Verkehrsunterricht beleben sollte. Auch an die Augsburger Puppenkiste im Kinderprogramm des Fernsehens werden sich noch einige erinnern können. Also Puppen und Puppenspiel sind etwas für Kinder! Außer der originellen amerikanischen Muppet-Show tauchen Puppen fast ausnahmslos nur im Kinderprogramm des Fernsehens auf. Doch selten hört man etwas von eigenständigen Puppentheatern, die ein Programm hauptsächlich für Erwachsene anbieten. Das Kölner Hänneschen Theater, das Münchner Marionetten Theater oder der Stuttgarter Puppenspieler Albrecht Roser sind vielleicht noch einigen bekannt, die man aber fast schon zu den »Eingeweihten« zählen kann. Man könnte also für das Puppenspiel resümieren: Eine schöne Unterhaltung für Kinder, die manchmal erzieherisch wirken kann.

Was **Masken** betrifft, werden diese eigentlich den meisten noch fremder erscheinen. Sicher, im Völkerkundemuseum zeugen sie von fremdartigen Naturvölkern. Zur Karnevalszeit hängen Gummi- und Plastikmasken in den Schaufenstern bei den Fastnachtsartikeln und warten darauf, auf irgendeinem Maskenball vorgeführt zu werden. Nur in Südwestdeutschland sind Masken noch wesentlicher Bestandteil der Volksfastnacht, die dort auch einen ganz anderen Charakter hat als der Mainzer oder Kölner »Fernsehkarneval«.

Masken sind eine Karnevalsbelustigung und das Puppenspiel ist etwas für Kinder. Deshalb erscheint es nicht sehr plausibel, sich mit Masken oder Puppen in der Jugendarbeit zu beschäftigen. Ich möchte jedoch mit diesem Buch Mut machen, die beiden

Spielelemente in die Gruppenstunden, Projekte oder anderen Programme der Jugendarbeit aufzunehmen. Die Herstellung und das Spiel mit Masken und Puppen sollen als Chance begriffen werden, den Jugendlichen neue Ausdrucksmöglichkeiten erfahrbar zu machen. Sie können das Lernen spannender, phantasievoller und effektiver machen. Und sie sollen letztendlich auch Freude bereiten.

2. Die Wirkungen des Masken- und Puppenspiels

Stellen sie sich, lieber Leser, mal eine Handpuppe vor. Wenn es geht, nicht unbedingt die stereotypen Charaktere wie Räuber, Polizist, Prinzessin und Kasper, die in vielen Spielwarenläden oder in den Kaufhäusern angeboten werden, sondern eine andere Figur, sagen wir z. B einen strengen Richter. Bei den ersten Spielversuchen fällt sofort auf, daß das Gesicht des Richters starr bleibt, es ist ein für alle Mal in seinem Ausdruck festgelegt. Allein die Bewegung der Puppe und die Stimme des Spielers können ein paar Veränderungen in der Gesamtwirkung der Puppe hervorrufen. Der strenge Richter kann zwischendurch auch einmal lachen oder sich über die Spitzfindigkeiten der Staatsanwälte ärgern. Das sind bereits wichtige Eigenschaften, die den Charakter des Puppenspiels ausmachen.

Die Puppe reduziert einen Charakter, sie legt eine Figur auf einen bestimmten Ausdruck fest und der Puppenbauer muß sich schon bei dem Entwurf seiner Puppe überlegen: Was zeichnet diese oder jene Figur aus? Was ist charakteristisch an einem Richter, welches Bild und welche Vorstellung habe ich über bestimmte Menschen?

Um seine Gedanken und Vorstellungen in ein überzeugendes Spiel umzusetzen, muß der Puppenspieler vorher beobachten. Wie sieht jemand aus, der traurig ist? Wie verhält sich ein

Mensch, wenn er verliebt ist? Diese Stimmungen müssen dann auf das Wesentlichste reduziert und in die Bewegungen und die Sprache des Puppen- oder Maskenspiels übertragen werden. Damit ein Spiel überzeugend wirkt, müssen die Puppenbauer und Puppenspieler zuerst einmal beobachten oder in ihrer Lebenserfahrung nachforschen. Sie haben es dabei fast noch schwerer als die Schauspieler auf der Bühne des Menschentheaters, denn diese haben eine große Bandbreite von Ausdrucksmöglichkeiten zur Verfügung, um ihre Rollen auszufüllen. Beobachten müssen sie zwar auch, aber sie brauchen ihre Figur nicht so sehr auf die wesentlichen Züge zu vereinfachen wie die Puppenspieler.

Was heißt nun aber dabei das Wesentliche? An dem, wie ein Spieler seiner Figur Leben verleiht, wird man sehr viel davon erkennen können, welche Vorstellungen der Spieler vom wirklichen Leben hat. Man wird auch sehen können, ob sich Puppenspieler darüber Gedanken gemacht haben, warum sich ihre Figuren so oder so verhalten. Sie sollten wissen, daß vieles im Leben stark davon abhängt, aus welchem sozialen Umfeld jemand stammt und welche Lebenschancen er hat. Die schlechten Puppenspieler wird man daran erkennen, daß sie in ihren Figuren nur Vorurteile wiederholen können.

Wie man sieht, sind mit einem guten Puppen- oder auch Maskenspiel viele Dinge verknüpft, die menschliches Leben bewußter machen können. Können, nicht müssen; d. h. dieser Prozeß kommt gerade in der Jugendarbeit nicht von alleine. Hier kommt es auf die Mitarbeiter an, solche Prozesse in Gang zu setzen. Deshalb rate ich auch davon ab, vorgefertigte Stücke für das Puppenspiel zu benutzen; denn die meisten, z. B. die traditionellen Kasperspiele, verstärken nur Vorurteile über bestimmte Menschen statt zu helfen, sie abzubauen. Sie können als Anregung gut sein. Doch die Arbeit, etwas Eigenes daraus zu machen, wird durch die Erfolge eines Lernprozesses belohnt.

Eng mit dieser »Interpretation des Lebens« ist eine andere Wirkung verbunden, die von Puppen ausgehen kann. Läßt man Kinder mit Puppen einfach nur so spielen, so fangen sie an, Personen aus ihrer unmittelbaren Umgebung nachzuspielen. Oft gehen sie sogar noch weiter. Ein guter Beobachter wird erkennen

können, daß Kinder anfangen, ihre Konflikte zu spielen, die sie mit den entsprechenden Personen haben. Und sie werden auch versuchen, Lösungen zu spielen, wie das Problem aus dem Weg geräumt werden könnte.
Mit dem Puppenspiel kann also ein Probehandeln ermöglicht werden, ohne daß dies Folgen hätte wie in der Realität. Puppen können somit sagen, was der Spieler denkt und er kann sich hinter seiner kleinen Puppe verstecken. Meist bekommen Puppen ja solch ein Eigenleben, daß man den Spieler ganz dabei vergißt.
Ähnliches geschieht beim Maskenspiel. Eine Maske schützt. Sie schützt vor den Blicken der anderen, die nicht wissen, wer sich hinter der Maske verbirgt. Mit Masken und Larven vermummt, werden zur Fasnachtszeit Narrengerichte abgehalten. Bei den Urvölkern verbargen sich hinter der Maske höhere Mächte, die umherzogen und über das Leben wachten. Aus dieser Kontrollfunktion entwickelten sich die Rüge- oder Narrengerichte. Eine heutige Form finden wir in dem Fasnachtsbrauch, die Stadtgewalt zu übernehmen. Die Narren mit der Maske bringen dabei ihre handfeste Kritik an den lokalen Zuständen vor. Zwar sind diese Narrengerichte zu einem lustigen Schlagabtausch ohne ernsthafte Folgen geworden. Aber man kann dennoch die Wirksamkeit erahnen, die in einer solchen Funktion gesteckt hat. Die Maske vor dem Gesicht schützt vor Enthüllungen, sie macht dadurch den Träger sicherer, Dinge zu sagen, die er sich sonst nie zu sagen getraut hätte. Jugendliche, die bei dem üblichen Rollenspiel unsicher sind, können unter dem Schutz der Maske frei aufspielen.
Schließlich ist die Produktion eines Puppenspiels oder einer Maskenaktion außer bei einigen professionellen Puppenspielern immer eine Aufgabe für eine Gruppe. Alles kann gemeinsam besprochen, geplant und durchgeführt werden. Gegenseitige Hilfe, Verständnis, solidarische Kritik und voneinander Lernen sind Dinge, die in einem solchen Gruppenprozeß stattfinden. Oft stellt sich heraus, daß in der gemeinsamen praktischen Arbeit jemand aus der Gruppe Fähigkeiten entwickelt, die er vorher noch nicht entfalten konnte. Und in der Arbeitsteilung lernt man, daß unterschiedliche Fähigkeiten akzeptiert werden müssen, will man zu einem gemeinsamen Resultat kommen.

3. Die Möglichkeiten des Masken- und Puppenspiels

Es gibt eine sehr große Bandbreite von Puppenarten und Formen des Maskenspiels. Nur sind diese Möglichkeiten bei uns in der Bundesrepublik noch nicht genug bekannt. Das liegt daran, daß Puppenspiel und Figurentheater im Gegensatz zu anderen Ländern in der Bundesrepublik kein großes Ansehen besitzen. Von den meisten wird Puppenspiel entweder als Kinderbelustigung oder veraltete Kunstform abgetan. Die ca. 200 großen, kleinen und kleinsten Puppenbühnen kämpfen heute gegen dieses Vorurteil an. Eine Reihe von ihnen hat sich zum Verband Deutscher Puppentheater e. V. zusammengeschlossen. Auch ist es zur Gründung eines deutschen Instituts für Puppenspiel gekommen, das eine Ausbildung für Puppenspieler anbietet. Einige Bühnen, wie die Augsburger Puppenkiste, haben sich einen Platz im Fernsehen gesichert. Doch was nützen diese Institutionen, wenn die staatliche und öffentliche Förderung das Figurentheater im Vergleich zum »Menschentheater« zu wenig unterstützt. In den meisten Ländern des Ostblocks sieht dies anders aus. Hier gibt es viele staatliche Puppenbühnen und die Ausbildung zu einem Puppenspieler ist staatlich anerkannt.
Doch soll diese eigentlich bedauerliche Situation nicht davon abhalten Initiativen zu entwickeln. Vielleicht hilft es auch, wenn sich Puppenspieler von bestimmten Traditionen frei machen. Es ist verständlich, daß kein Erwachsener oder Jugendlicher zu einem Puppenspiel gehen wird, wo der Kaspar sich nur mit dem Teufel und den Polizisten rumprügelt und der Großmutter Streiche spielt. Durch die Konkurrenz der allumfassenden Medienindustrie sind die Puppenspieler gezwungen, neue Formen und Inhalte zu entwickeln.
Puppenspieler »verstecken« sich nicht mehr hinter der Bühne. Sie treten mit oder ohne Puppen auf. Stabpuppen, lebensgroße Puppen und andere Figuren ergänzen die traditionellen Handpuppen und Marionetten. Auch Schwellköpfe und Masken werden in das Spiel mit einbezogen. Von daher empfiehlt es sich

auch, nicht mehr nur eingeschränkt vom Puppenspiel zu sprechen, sondern besser einen übergeordneten Begriff, den des **»Figurentheaters«** einzuführen. Dieses Wort kennzeichnet besser das notwendige Experimentierstadium, in dem sich das Puppenspiel befindet.
Ein eigenständiges Maskenspiel gab es in den europäischen Ländern nicht. Es war immer mit dem Menschentheater verbunden. Daneben gibt es volkskulturelle Bräuche in der Fasnacht, in denen die Masken eine große Rolle spielen. Im Figurentheater mit den Puppen kombiniert könnte das Maskenspiel wieder ein stärkeres Gewicht bekommen. Masken haben eine starke Faszination, die in einem Figurentheater ihren Ausdruck finden kann. Ein Versuch in diese Richtung waren die Aufführungen des »bread and puppet – theatre« aus den USA, in denen Aussagen und Geschichten des alten Testaments mit den Eindrücken aus der Zeit des Vietnam-Krieges verbunden wurden. Mit den großen, eindrucksvollen Figuren und Puppen, die eine starke symbolische Ausstrahlung hatten, wurde Partei ergriffen für die Armen und Entrechteten. Man könnte es fast als politisches Mysterienspiel bezeichnen, da es die biblische Botschaft mit politischer Parteinahme verband. Durch die großen eindrucksvollen Figuren ist es leichter verständlich für die, denen die etablierte Theatersprache nichts sagt.
Mit der Bezeichnung **»Figurentheater«** ist ein brauchbarer Begriff geschaffen, der den allgemeinen Rahmen und das Spiel mit Masken und Puppen nicht auf bestimmte Traditionen festgelegt. Um einen Eindruck von den vielen Möglichkeiten zu bekommen, die in einem solchen Figurenspiel eingesetzt werden können, will ich einiges aufzählen und kurz charakterisieren.

4. Puppenarten

Handpuppen. Die Handpuppe ist die Puppenform, die den meisten bekannt sein wird. In Spielzeugläden warten der Kasper, der

Teufel, der Räuber und einige andere Figuren darauf, von den Eltern gekauft zu werden. Sie sind recht einfach zu spielen: Der Zeigefinger sitzt in einer Bohrung des Kopfes oder Halses und »führt« so die Puppe. Die Armbewegungen werden durch den Daumen und kleinen Finger hervorgerufen. Das Handpuppenspiel hat seinen Ursprungsort im Jahrmarkt.

Stabpuppen. Diese Theaterpuppen kommen aus Indonesien und heißen dort »wayang -golek« und dienten – und dienen noch heute – zur Dramatisierung von mythisch – religiösen Sagen aus dem indonesischen Raum. In vielen Puppentheatern des Ostblocks ist die Stabpuppe die gebräuchlichste Theaterpuppe, da sie größere Spielmöglichkeiten als die Handpuppe bietet. Zu ihrer Führung werden beide Hände des Spielers benötigt. Eine Hand führt von unten den Kopf, der auf einem Stab angebracht ist, die andere führt die Arme und Beine, die mit dünnen Stäben verbunden sind. Eine Reihe von technischen Zusätzen können zusätzliche Bewegungen von Mund, Augen und anderen Körperteilen ermöglichen.

Mimikpuppen. Diese Puppen sind aus Kautschuk, Schaumgummi oder Stoff hergestellt. Der Kopf der Puppe wird durch eine Hand geführt und durch das flexible Material werden Mund-, Nasen- und Augenpartien in Bewegung gebracht. Die zweite Spielhand unterstreicht als natürliche Spielhand den mimischen Ausdruck.

Schattenfiguren sind Flachfiguren aus lichtundurchlässigem Material und die beweglichen Teile (Arme, Beine, Kopf usw.) werden mittels Stäben geführt. In Indonesien sind diese Schattenfiguren (»wayang kulit«) aus Leder gefertigt und phantasievoll bunt bemalt. Das Spiel geschieht entweder vor oder hinter einer angestrahlten Schattenspielleinwand.

Papiertheater ist eine besondere Puppenspielform, die im vorigen Jahrhundert in Europa aufkam. Die Bühne besteht aus kleinen, gedruckten Imitationen von Bühnenbildern des Menschentheaters. Die ca. 5 cm hohen Puppen aus Papier sind flach und werden von der Seite auf der Miniaturtheaterbühne hin und her geschoben und bewegt. Diese Puppentheater dienten hauptsächlich dazu, Stücke des bürgerlichen Theaters zu Hause in der Wohnung nachzuspielen und der Jugend näher zu bringen. Durch Verwendung von Fotografien und typischen Figuren aus dem Fernsehen ließe sich diese Form vielleicht wieder aktualisieren.

Marionetten. Diese Gliederpuppe war schon in der Antike bekannt und ist die bei uns gebräuchlichste Theaterpuppe. Marionetten werden durch verschiedenste Führungskreuze und deren Fäden von oben her geführt. Mechanische Zusätze und Erweiterungen des Spielkreuzes können auch bei dieser Puppenart viele verschiedene Spielmöglichkeiten eröffnen. Im Gegensatz zu fast allen anderen Puppenarten werden die Marionetten durch das geschickte Umgehen mit der Schwerkraft bewegt.

5. Maskenformen

Vollmaske/Schwellkopf. Die Vollmaske umschließt den ganzen Kopf. Sie wirkt oft plump; deshalb muß das Spiel sehr großzügig angelegt sein. Mit einem Schwellkopf können die verschiedensten Fantasiefiguren dargestellt werden.

Gesichtsmasken. Diese Maske bedeckt das Gesicht vom Haaransatz bis zur Halslinie. Der Ausdruck der Maske bleibt starr. Deutliches Sprechen ist unter einer solchen Maske nicht möglich.

Halbmasken. Hier wird Sprechen möglich, da bei dieser Maske Mund und Kinn frei bleiben. Die Maske wirkt als ganze nicht starr, weil durch die Mimik des Mundes zusätzliche Ausdrucks- und Gestaltungsmöglichkeiten gegeben sind.

Schminke. Das geschminkte Gesicht kann grundsätzlich als Maskenform angesprochen werden, da alle Wesensmerkmale einer Maske auch hier vorhanden sind: Verstellung des Gesichts, Herausheben eines bestimmten Ausdrucks, Anonymität durch Unkenntlichmachen. Damit ist natürlich nicht die alltägliche Schönheitsschminke gemeint, sondern die Art, die die »Maskenbildner« im Theater anwenden.

In dieser kleinen – und unvollständigen – Aufzählung der Puppenarten und Maskenformen sind bewußt keine Materialien angegeben, mit denen die Figuren hergestellt werden. Eigentlich kann zum Bau von Puppen und Masken fast alles verwandt werden: Holz, Metall, Schaumstoff, Leder, Styropor, Papier, Stoff usw. Sicherlich sind z. B Metallmasken nicht einfach herzustellen, schwer spielbar und damit als Maskenmaterial weniger geeignet. Doch sollte man auch hier nicht vor Experimenten zurückschrecken.

Bei den Puppenarten sind nur die wichtigsten vorgestellt. Es gibt noch viele andere Möglichkeiten: Mechanische Spielpuppen, Trickpuppen für Puppenfilme, Stockpuppen wie beim Kölner Hänneschen Theater usw. Wer intensiver in den Puppenbau und das Puppenspiel einsteigen will, sollte sich in Puppenmuseen umschauen, durch Bücher informieren und sich anregen lassen.

Im zweiten und dritten Teil dieses Buches habe ich eine Auswahl von Puppenarten und Material für die Maskenherstellung getroffen. Ausschlaggebend bei dieser Auswahl war der Gedanke, daß zu komplizierte Herstellungstechniken in einer Gruppenarbeit manche Jugendliche ausschließen würden. Im Vordergrund stehen der Inhalt und die wesentlichen Einsatz- und Ausdrucksmöglichkeiten von Masken und Puppen. Diese für eine Gruppenarbeit wichtigen Aspekte könnten durch eine komplizierte und langwierige Herstellungstechnik verdrängt werden. Wenn einige nach einer Masken- oder Puppenaktion so weit begeistert sind, daß sie weitermachen wollen und vielleicht sogar eine Puppenbühne gründen, so wäre dies ausgezeichnet. Dies sollte jedoch nicht primär Ziel der Aktionen mit Masken und Puppen in einer Gruppenarbeit sein.

6. Masken und Puppen als Elemente der Volkskultur

Bevor ich aufzeige, was mit Figurenspiel in der Jugendarbeit erreicht werden sollte und wie dies mit einer Konzeption (nicht nur) kirchlicher Jugendarbeit zusammenhängt, möchte ich den Leser und die Leserin zu einem kurzen Ausflug in die Geschichte der Masken und Puppen einladen. Ich verspreche mir davon ein größeres Verständnis und Anregungen für eine eigene, bewußte Konzeption des Figurenspiels in der Jugendarbeit.
Beide, Puppen und Masken, haben ihren Ursprung in den Naturreligionen und Mythen der Urvölker. Sie waren in Ahnen- und Tierkulte eingebettet und füllten dabei verschiedene Funktionen aus. Manfred Lommel sagt dazu: »So erlaubt ein Versuch, die Masken auf ihre Grundvorbilder hin anzusehen, verschiedene überraschende Rückschlüsse. Offensichtlich gibt es zwei Vorbilder. Das eine ist die Tiermaske. Sie dürfte die älteste Maskenform überhaupt sein; das zweite, das menschliche Gesicht, das Gesicht eines Toten: Einmal das Gesicht des verehrten Ahnen, zum anderen Mal das Gesicht des toten Feindes an der Kopftrophäe. So sind also Masken typisierte Gesichter der Menschheit, die in zwei Aspekten gesehen werden, als Freund und als Feind. In beiden Fällen vertritt und überträgt aber die Maske die psychologische Lebenskraft des anderen auf die gegenwärtigen. Bei der Verlebendigung der Ahnengeister durch Maskenzeremonien und Tänze spielen auch Marionetten oder andere Puppen eine große Rolle. In vielen Gebieten sind nicht nur Masken als Erinnerungsbilder von Verstorbenen angefertigt worden, sondern manchmal auch mehr oder weniger große oder kleine Puppen, und die Idee, diese Puppen beweglich zu machen und vorzuführen, muß weit verbreitet gewesen sein.« (Manfred Lommel, Masken-Gesichter der Menschheit, Zürich Freiburg 1970)

7. Die Puppen in Europa

Die ersten Funde von Puppen stammen aus dem fünften vorchristlichen Jahrhundert, wo im griechischen Raum Terrakotten mit beweglichen Gliedmaßen als Vorläufer der Marionetten bekannt werden. Beiläufig werden Puppenspiele in der griechischen Literatur erwähnt. Über das römische Reich, Italien und Frankreich gelangen Puppenspiele auch nach Deutschland. Die Blütezeit des Volkspuppenspiels beginnt ungefähr im 15. und 16. Jahrhundert, wo sich Mysterienspiele mit Puppen entwickelten. Diese Spiele waren eine Mischung aus alten Volks- und Naturvorstellungen und christlicher Verkündigung. Sie setzen Bilder und Erfahrungen aus der bäuerlichen Arbeitswelt um. Immer wieder wurden Puppenspiele von der offiziellen Kirche verboten, weil Puppen als kleine Götzen angesehen wurden. Dennoch setzten sie sich beim einfachen und armen Volk durch, das sich mit der »Sprache der Puppen« wohl mehr verbunden fühlte als mit der fremdsprachigen Liturgie in den Gottesdiensten. Die Spieler selbst wurden zu dieser Zeit oft »Himmelreicher« genannt.

Im 18. Jahrhundert und später entwickelten sich zwei Linien im Puppenspiel. Ein Teil, der volksverbundenere, blieb auf den Jahrmärkten und Straßen lebendig. Die Spieler mußten sich durchschlagen, und das Spiel selbst war derb und in der Sprache des Volkes gehalten. Ein anderer Teil wurde höfisch und entwickelte sich zum musischen Zeitvertreib von Fürsten, Patriziern und Großbürgern. Dieses Puppenspiel bekam auch schöne Theater in festen Gebäuden, bediente sich der Sprache der Oberen und paßte sich den Inhalten des bürgerlichen Menschentheaters an.

In der Gegenwart müssen in Deutschland beide, das Puppentheater der Jahrmärkte und das Puppentheater in festen Häusern, um ihre Existenz bangen, da die allumfassende Medienindustrie stärkere Erlebnisse verspricht. Unser Augenmerk sollte auf dem Puppenspiel der Straße und Jahrmärkte, dem Puppenspiel des Volkes liegen.

Das arme Volk im Mittelalter und auch später hatte keinen Zugang zu den »höheren« Künsten in den Theaterhäusern, sondern das Puppenspiel war das Theater und die Stimme des Volkes. Viele Autoren, die sich mit der Geschichte des Puppenspiels in Europa beschäftigen, übergehen gern diesen Teil der Geschichte und qualifizieren dieses Jahrmarktspuppenspiel als grob, derb und plump ab. Aber sie machen sich auch nicht die Mühe, nach den Gründen dieser sogenannten »nichtkünstlerischen« Ausdrucksweise zu forschen. Der freche Guillaume – der Kasper in den Pariser Straßen vor zwei Jahrhunderten – stellt sich oft gegen Autoritäten mit Witz und spitzbübischer Klugheit. Er greift Zurufe aus dem Straßenpublikum spontan auf und baut sie gewandt in sein Spiel ein. Er ist Stimme und Ausdruck des Pariser Straßenvolkes. Sicher nicht in der Sprache, die in den Theatern gesprochen wurde. Da jedoch sehr viele Puppenspieler und Autoren von Puppenbüchern in der Tradition des literarischen Puppenspiels stehen, verleugnen sie diesen wichtigen Aspekt des Puppenspiels; manchmal indem sie ihn gar nicht erwähnen.

8. Masken und Volkskultur

Im Gegensatz zum europäischen Raum haben sich nur in einigen asiatischen Ländern – Japan und Indien- die Masken zu einer eigenen Theaterform entwickeln können. Hier in Europa waren sie entweder Teil des Menschentheaters oder verbunden mit Naturbräuchen (Winteraustreibungen) und der Fasnacht.
Um zu zeigen, daß auch in diesen Volkskulturformen ursprüngliche Beziehungen zu den Funktionen der Maske der Urvölker bestehen, möchte ich hier kurz auf die Herkunft des Wortes Maske eingehen, wie es von einigen Sprachforschern erklärt wird. Maske bedeutet Vermummung, das heißt Verkleidung und unkenntlich machen des ganzen Körpers, wobei der Wortstamm in der MASCHE oder dem NETZ, in das ein Toter gehüllt wird, zu suchen ist. Dabei wird Masche dann zu einem Wort für einen in ein Netz gehüllten Toten, der zur Wiederkehr drängt, also ein unlieb-

samer Geist. Und schließlich wird Maske (Masche) dann zur Bezeichnung für einen Menschen, der sich im Rahmen von Kulthandlungen vermummt. Dabei wird deutlich, daß es sich bei der Maske eigentlich um einen insgesamt verkleideten Menschen, um eine Maskenfigur handelt. Diese Bezeichnung taucht vereinzelt heute noch im süddeutschen Raum auf. Dennoch versteht man heute unter Maske eigentlich nur die Gesichtsverhüllung mit den verschiedensten Materialien. Korrekter wäre es zwischen »Larve« als Gesichtsverhüllung und »Maske« als der gesamten vermummten Gestalt zu unterscheiden. Da es sich im alltäglichen Sprachgebrauch jedoch so eingebürgert hat, will ich weiterhin das Wort Maske benützen.

Außerhalb des Theaters tauchen im deutschen Sprachbereich Masken als Teil von Volksgebräuchen hauptsächlich während der Fasnacht im süddeutschen und im alpenländischen Raum auf. Hier sind sie ein wesentlicher Bestandteil der Fasnachtsfiguren wie Narro (Narr), Hansel und Hexen, die von Ort zu Ort und von Narrenzunft zu Narrenzunft unterschiedlich sind. In Fasnachtsmuseen sind sehr alte Masken ausgestellt, einige sogar aus dem Mittelalter. Außerhalb der Museen aber während der verschiedenen Fasnachtsumzüge und Fasnachtsbräuche (Narrengericht, Narrenbaum setzen, Fasnachtsverbrennungen usw.) kann man sich im südlichen Baden-Württemberg an einer Unmenge von Masken erfreuen, die hauptsächlich aus Holz geschnitzt und bunt bemalt sind. Jede Narrenzunft, von denen es in größeren Städten bis zu zehn gibt, hat ihre eigene Fasnachtsfigur und damit auch ihre eigene Maske. Die Palette reicht von furchterregenden Tiergestalten über Hexen bis zu schön geschnitzten Höflingsmasken. Die einzelnen Figuren sind zum größten Teil erst in den letzten 50 Jahren entstanden, greifen aber auf überlieferte Fasnachtsgestalten zurück. Die Holzschnitzer, die für die Narrenzünfte die Masken schnitzen, haben immer noch genügend Arbeit, da sich auch jetzt noch Narrenvereinigungen mit ihren jeweils typischen Gestalten bilden. Der Erwerb einer schön geschnitzten Holzmaske ist oft an die Mitgliedschaft in einer Narrenvereinigung gebunden. Es ist für jemanden, der nur die Mainzer und Kölner »Fernsehfasnacht« kennt und zufällig einmal während der Fasnachtszeit ins südliche Baden-Württemberg kommt, erstaunlich, mit welcher fröhlichen Ernsthaftigkeit das Maskentragen dort betrieben wird. Und es macht Spaß, z. B. bei dem Umzug eines Narrentreffens zuzuschauen und eine Vielzahl von bunten Figuren und Masken an sich vorüberziehen zu lassen oder sich sogar mit einer selbstgebastelten Hexenmaske in das Umzugsgetümmel hineinzustürzen.

B. Modelle für das Figurenspiel

1. Überlegungen zum Figurenspiel in der Jugendarbeit

Will man in einer Jugendgruppe mit Figuren spielen, könnte man sich einen Spieltext vornehmen, die Puppen danach bauen und das Spiel mehr oder weniger dem Text anpassen. Doch dieses Vorgehen hat einige Nachteile: Selten machen sich Gruppenleiter oder Spieler die Mühe, zu fragen, ob sinnvolle Bezüge zu ihrer eigenen Gefühls- und Gedankenwelt in dem Spiel vorhanden sind. Die meisten Vorlagen sind zu sehr an literarische Vorbilder angelehnt oder sind für das Puppenspiel für und mit Kindern gedacht. Erst in der letzten Zeit verstärkt sich der Trend, erziehungswissenschaftliche Überlegungen in das Puppenspiel für Kinder einzubeziehen. Diese Nachteile besagen nun nicht, daß Arbeiten mit Vorlagen prinzipiell schlecht wäre. Sie besagen nur, daß hierbei sehr sorgfältig überlegt werden muß, was wie als Vorlage dienen kann.

Bei einer Konzeption des Figurenspiels, das sich bewußt mit den Anforderungen und Zielen einer emanzipatorischen Jugendarbeit verbinden will, schlage ich vor, an die Traditionen des Jahrmarktspuppenspiels und der Narrenmasken aus der Fasnacht anzuknüpfen. Die darin enthaltene Kritik an den gesellschaftlichen Mißständen in witziger und ironischer Weise macht sowohl die Aktiven als auch die Zuschauer kritikfähig. Und Kritikfähigkeit ist ein wesentlicher Aspekt emanzipatorischer Jugendarbeit.

Das Jahrmarktpuppenspiel und dessen Geschichten waren immer nah bei den Bedürfnissen, Vorstellungen und Gefühlen der einfachen Bevölkerung angesiedelt und spiegelten deren oft unterdrückte Lage in den Fantasien des Puppenspiels wider. Sicherlich ist dies nicht in der Sprache des Hofes oder »von denen da oben« geschehen. Sprache und Handlungen waren oft derb, steckten aber voll von befreiendem Witz. Die Puppenspieler und Fasnachtsnarren mußten schon »dem Volke aufs Maule« schauen, um dessen Leben darstellen zu können. »Dem Volke aufs Maule« schauen, heißt aber für uns heute nicht nur – obwohl das schon sehr wichtig ist–, Figurentheater öfters im Dialekt zu spielen. Es heißt auch nachzuforschen, was sich hinter den Verhaltensformen von Jugendlichen wie zunehmende Drogenabhängigkeit, Aggressivität oder Gleichgültigkeit gegenüber Schwierigkeiten verbirgt und woher diese kommen.

Angesichts dieser Schwierigkeiten ist auch kirchliche Jugendarbeit angesprochen, sich zu engagieren; denn junge Menschen erwarten keine Kirche, die sich an der Vergangenheit orientiert, ohne Fantasie für die Zukunft zu entwickeln. Kirche sollte nach vorne offen sein, heiße Eisen anpacken. Heiße Eisen anpacken heißt, politisches Engagement in Fragen des Umweltschutzes, der Armen in der Dritten Welt, der Situation der Jugendarbeitslosigkeit im eigenen Land und viele mehr anzusprechen. Figurenspiel kann dafür ein wichtiges, bereicherndes Element sein, weil es nicht nur die Ebene des Intellekts anspricht, sondern auch in die gefühlsmäßigen Bereiche des Erlebens hineinwirkt. In den mittelalterlichen Mysterienspielen kann man sehr gut nachempfinden, wie im Spiel auf die Vorstellungen und Bilder des Volkes eingegangen wurde. Die christliche Tradition des Eintretens für Arme und Entrechtete, die sich in vielen Bildern des Alten und Neuen Testaments niederschlägt, hat sich dabei oft so stark mit den Vorstellungen des Volkes zu einer Aussage mit »Sprengkraft« entwickelt, daß Puppenspiele »von oben« her verboten werden mußten. Die Spiele mit den kleinen Figuren waren parteiliche Predigten für das Volk, die von ihm eher verstanden wurden als die Predigten auf der Kanzel. Ähnliche Funktionen kann das Figurenspiel heute auf Gemeindefesten, Stadtteilfesten oder anderen öffentlichen Veranstaltungen übernehmen.

Es gehört zum Wesen eines gelungenen Puppenspiels, daß ein Großteil des Spiels darauf verwandt wird, auf die Reaktionen des Publikums einzugehen. In diesen sogenannten Extempori, werden tagespolitische Themen oder lokale Gegebenheiten – z. B. in einer Gemeinde – witzig und treffend eingearbeitet.

Dieses wäre von der Seite des Spiels vor dem Publikum her beleuchtet. Im Prozeß der Erarbeitung von Spielen mit Masken und Puppen in einer Jugendgruppe tauchen noch andere Momente auf, die das Figurentheater zu einem sinnvollen Bestandteil von Jugendarbeit werden lassen. Puppenspiel kann z. B. in einer Gruppe ähnlich wie das Rollenspiel als figurenmäßiges Probe-

handeln eingesetzt werden. Im Spiel werden Erfahrung mit Figuren aus der Umwelt von Kindern und Jugendlichen gemacht, ohne daß die Risiken des »Ernstfalls« eingegangen werden müssen. Im Zwiegespräch mit der Puppe können Dinge aufgegriffen und gesagt werden, die sonst nie nach außen getragen würden. Diese Möglichkeit des Figurenspiels kann bis in den therapeutischen Bereich führen und wird auch in der Kinderpsychotherapie verwandt. Soweit wird sich Jugendarbeit nicht begeben, doch die Grundfunktionen, übertragen auf die Gruppenarbeit mit Puppen, können besseres Verständnis für die Gruppe oder die Umgebung der Jugendlichen ermöglichen. Im Vordergrund steht dann nicht eine Aufführung, sondern der Spielprozeß in einer Gruppe, der bewußt beobachtet und ausgewertet wird.
Beim Spiel mit Masken und Puppen wirkt vieles zusammen: Symbolische Vereinfachungen bei Masken, Musik und Bildern als Spielelementen, Hervorheben von Rhythmus, Bewegung und Aktion. Dies bedeutet, daß die Spieler im Figurentheater verschiedene Fähigkeiten entwickeln müssen. Ausdruck von Gefühl, Beobachtungsgabe, Körpertraining und anderes mehr, kurz eine Ausprägung aller Sinne sind die Lernziele, die innerhalb einer Figurenaktion verwirklicht werden sollten; zum einen für die Spieler selbst, zum anderen für die Zuschauer.
Durch diese Vielseitigkeit eignet sich das Figurenspiel besonders für die Arbeit mit Jugendlichen, die durch die vielen eher »verkopften« Angebote in einer mittelschichtsorientierten Jugendarbeit nicht angesprochen werden. Verbandsjugendarbeit und damit auch kirchliche Jugendarbeit spricht gerade die Jugendlichen oft nicht an, die durch negative Schulerfahrung in Haupt- und Sonderschulen und durch die Art ihrer Arbeit (oder Arbeitslosigkeit) wenig Bezug zu Angeboten haben, die sich hauptsächlich auf Gespräche oder nur unverbindliche Bastelangebote beschränken. Im Maskenbau und Puppenspiel läßt sich ähnlich wie in Theatergruppen wesentlich mehr »action« verwirklichen als in einer trockenen politischen Bildungsarbeit, ohne daß das politische Engagement dabei ausgeklammert werden müßte. Ich denke an den Bereich der offenen Jugendarbeit, die erfahrungsgemäß mehr Arbeiterjugendliche oder sogenannte Problemjugendliche anspricht als die anderen Formen der Jugendarbeit.

Nun noch einige Bemerkungen zu den nachfolgenden Modellen. Diese Modelle sind bewußt ohne irgendwelche Textvorschläge oder exakten Spielanleitungen aufgebaut. Um einen engen Bezug zu der Erfahrungswelt der Jugendlichen in einer Gruppe herstellen zu können, muß viel Spielraum für deren Gedanken, Bilder und Sprache sein. Die Modelle dienen als Leitfaden und Praxisanregungen für die Realisierung von solchen Gruppenprojekten. Bei der Masken- und Puppenherstellung möchte ich bewußt Techniken anbieten, bei denen die Herstellung nicht die anderen Elemente wie Spiel, Planung und theoretische Arbeit überlagert. Andere Wege an das Figurenspiel heranzugehen z. B. über Textvorlagen oder den Bau von komplizierten Marionetten, sind denkbar und können ebenso zu guten Erfolgen führen. Nur scheint mir die von mir vorgeschlagene Vorgehensweise weniger das Expertentum zu fördern, und damit breiter einsetzbar zu sein. Wenn durch die Gruppenprojekte einige Jugendliche großen Spaß am Figurenspiel gewonnen haben und weitermachen wollen, so können viele Anregungen aus den aufgeführten Büchern entnommen werden. (siehe Literaturteil D. – S. 89)

2. Was man beim Spiel beachten sollte

Beim Spiel mit den Figuren müssen einige Eigengesetzlichkeiten bedacht werden. Masken und Puppen leben von der Bewegung, vom Rhythmus und dem Körperausdruck. Nicht die Sprache wie beim Rollenspiel, sondern die Geste und die Aktion sind die Elemente, auf die sich das Spiel hauptsächlich aufbauen sollte. Natürlich müssen Puppen auch eine Sprache haben, doch ist sie nie so beherrschend wie beim literarischen Menschentheater.

Maskenspiele

Es hilft sehr, wenn Pantomimenübungen in die Proben einer Maskenaktion eingebaut werden können. Mit einfachen Pantomi-

menspielen kann man schon erfahren, worauf es ankommt: deutliche Bewegungen, die einen erkennbaren Abschluß haben – nach vorne zum Publikum spielen – Körperteile spannen und entspannen – nicht zu viel auf einmal zeigen – langsames Spiel und Konzentration.
Spiele und Übungen, die die Beobachtung schulen, sollten neben dem Körpertraining stehen. Dies wird wichtig, wenn die Maskenspiele länger werden und eine Gruppe ihre Spiele ausbauen und vervollkommnen möchte. Verschiedene Körperübungen hier aufzuführen würde den Rahmen des Buches sprengen. Ersatzweise möchte ich zwei Bücher angeben, die hier weiterhelfen können:

1. Bewegung in der Jugendarbeit
   Reihe: Versuche 6/77
   Hrsg.: Beratungsstelle für Gestaltung
   Eschersheimer Landstraße 565
   6000 Frankfurt 50

2. Herbert Somtlatzki
   Körpertraining und Bewegungsgestaltung
   im darstellenden Spiel
   Hrsg.: Landesarbeitsgemeinschaft Spiel und Amateurtheater in NRW
   Recklinghausen 1976

Puppenspiel

Wichtig für das Puppenspiel ist die Bühne. Die Bühne muß nicht so gestaltet sein, daß sich die Spieler dahinter verstecken können. Viele Puppenspieler beginnen offen mit ihren Puppen aufzutreten und sich mit ihnen in Zwiegespräche einzulassen. Nur setzt eine solche Spielanlage schon Routine voraus. Die Anregungen für den Bau von Puppenbühnen gehen von einem einfach gespannten Stoff im Türrahmen bis hin zu komplizierten Bühnen mit Laufsteg und Beleuchtungsapparaturen. In verschiedenen Puppenbüchern (z. B. Fettig, Kleine Bühne großer Spaß, Stuttgart 1977) sind Konstruktionsvorschläge enthalten.
Für das Spiel selbst ist wie beim Maskenspiel zu wiederholen, daß der Schwerpunkt auf der Aktion liegt. Beim Spiel mit Hand-

oder Stabpuppen müssen die Spieler die Bewegungen ihrer Puppen mit ihrem eigenen Körper mitmachen. Wenn die Puppe geht, sollte der Spieler hinter der Bühne in kleinen Schritten mitgehen; wenn sie tanzt, sollte auch der Spieler tanzen. Die Körperbewegung des Spielers überträgt sich auf die Puppe, die somit lebendiger wirkt. Jede Figur sollte ihre eigene Stimme besitzen. Beim Stimmeverstellen ist es wichtig, nicht zu pressen oder verkrampft zu sprechen. Recht schnell wird der Spieler dadurch heiser.

Beim Puppenspiel muß improvisiert werden. Die Puppen müssen die Zuschauer auffordern, sich zu dem Geschehnis zu äußern. Die Äußerungen müssen spontan und mit Witz von den Puppen gekontert werden können. Dies ist wohl vom ganzen Figurenspiel am schwierigsten zu lernen. Hier helfen nur Erfahrung und Routine.
Für Masken- und Puppenspiel, also für das Figurentheater, gilt insgesamt, daß Untermalung mit Musik und Rhythmusinstrumenten mit dazu gehört, das Spiel unterstreicht und es im besten Fall musikalisch kommentiert.

3. Erleuchtungen vor der Mattscheibe

TV – Masken in Aktion

Ein Spiel mit Fernsehmasken über das Medium Fernsehen kann sowohl in der laufenden Gruppenarbeit über zwei oder drei Abende hinweg als auch auf einer Wochenendtagung entwickelt werden. Die folgenden Vorschläge basieren auf der letzteren Möglichkeit. Wochenendtagung bedeutet auch, daß eine größere Anzahl von Jugendlichen – zwischen 20 und 35 – an einer solchen Tagung beteiligt sein kann. Die Umsetzung in andere Arbeitsformen wird nicht schwierig sein.

Das Thema

Warum soll sich eine Gruppe überhaupt mit einer solchen Problematik beschäftigen? Fernsehen ist neben Kino, Radio und Presse wohl das wichtigste Medium, in dem Informationen, Entspannung, Kultur und Unterhaltung in unserer Gesellschaft übertragen werden. Und da lohnt es sich schon einmal nachzufragen, **was** denn **wie** und **warum** gesendet wird. Die Werbung z. B.: Was passiert wenn eine schöne bunte Frühstückswelt die Zuschauer glauben macht, daß diese nur durch eine bestimmte Margarine erreichbar ist? Oder ist es nicht wichtig, mit Jugendlichen zu erforschen, welche Nachrichten aus der Fülle von Informationen ausgefiltert und in der Tagesschau oder »Heute« mehr oder weniger lange gesendet werden? Aber auch die Fragen: Was macht euch großen Spaß beim Fernsehen? Was ist eure Lieblingsserie? Und was sollte viel öfters gesendet werden? sollten mit den Jugendlichen behandelt werden.

Wichtig bei der kritischen Betrachtung des Mediums Fernsehen ist auch noch die Tatsache, daß Kinder und Jugendliche zunehmend über das Fernsehen ihre Umwelt erfahren. Zwar könnte man die damit verbundene größere Fülle von Information begrüßen, doch ein Nebeneffekt relativiert die optimistische Betrachtungsweise. Die Umwelt wird nicht mehr spontan und direkt erfahren, und die Inhalte dessen, was konsumiert wird, sind austauschbar. Die Form des »Erlebens« tritt gegenüber den Inhalten in den Vordergrund.

Gerade in der Jugendarbeit – wie auch in der Gesamtgemeinde – ist jedoch erkennbar, wie wichtig personale Bezüge sind. Neue Formen und Methoden sind wichtig, doch wichtiger sind Mitarbeiter, die für die anderen da sind und durch ihr engagiertes Auftreten den Jugendlichen Orientierungshilfen geben können.

Daß dem Fernsehen eine immer größere Bedeutung im kulturellen Leben unserer Gesellschaft zukommt, wird wohl niemand bestreiten.

Daß es damit aber auch Instrument der Beeinflussung der Bevölkerung ist, ist ebenso unbestreitbar. Eine Jugendarbeit, die in ihrer Konzeption stehen hat, daß die Jugendlichen befähigt werden sollen, sich mit ihrer sozialen Wirklichkeit auseinanderzusetzen, wird das Phänomen Fernsehen nicht ausklammern können. Um ihre soziale Wirklichkeit in diesem Punkt begreifen zu können, müssen die Jugendlichen sich klar werden, warum sie bestimmte Sendungen gerne sehen, was ihnen z. B. am »Tatort« so gut gefällt. Daß Fernsehen Spaß machen kann und soll, steht außer Frage.

Aufgabe einer kritischen Jugendarbeit ist es aber, gleichzeitig zu zeigen, daß mit diesem Spaß auch bestimmte Ideen, Vorstellungen, Bewußtseinsformen usw. verbreitet werden, die hinterfragbar sind. Ist es z. B. gut, daß in Krimiserien man sich niemals die Mühe macht, aufzuzeigen, warum ein »Verbrecher« so wurde, daß er »mit dem Gesetz« in Konflikt kam? Oder warum ist in den meisten Familienserien letztendlich die Welt doch noch in Ordnung, obwohl man dies anders erlebt, wenn man ehrlich seine Umwelt betrachtet?
Diese bewußten, aber auch unbewußten Entscheidungen von Filmemachern, Redakteuren und Intendanten tragen mit dazu bei, daß bestimmte wichtige Probleme z. B. Konflikte am Arbeitsplatz fast völlig aus dem Programm ausgeklammert werden. Natürlich sind die bundesrepublikanischen Fernsehanstalten durch die Zwänge des internationalen Medienmarktes teilweise gebunden und müssen das kaufen, was vorhanden und billig ist. Doch die eigenen Produktionen, die Vorstellungen der Werbeindustrie oder die Programmstruktur sind Entscheidungen, die im eigenen Bereich gefällt werden. Diese Entscheidungen müssen für Jugendliche durchschaubar gemacht werden, auch um zu begreifen, daß die jetzige Gestalt des Mediums Fernsehen nicht die einzig mögliche ist, sondern verändert werden könnte.
Die Informationen, die in diesem Zusammenhang gegeben werden müssen, sind etwas trocken. Ein Vortrag über die Geschichte der öffentlich-rechtlichen Struktur des bundesrepuplikanischen Fernsehns, die Entscheidungsgremien in den Anstalten, die Aufgabenbereiche eines Redakteurs usw. dürften die Jugendlichen sehr schnell ermüden. Dies wird umgangen, wenn man sich bemüht, einen Mitarbeiter aus den Rundfunk-Fernsehanstalten für die Wochenendtagung oder einen Gruppenabend zu gewinnen. Wenn er aus der Sicht seiner Arbeitsbedingungen erzählt, was in einer solchen Fernsehanstalt alles geschieht, und wenn er dies etwas geschickt aufzieht, kann man sicher sein, daß die meisten Jugendlichen interessiert zuhören. Denn Fernsehen ist etwas, mit dem sie täglich zu tun haben.
Doch darf der Gruppenleiter, die Gruppenleiterin oder das Planungsteam nicht die ganze »theoretische« Arbeit den Gästen überlassen. Es ist unumgänglich, sich selbst mit der Struktur des

Fernsehns, seinen Inhalten und den erkennbaren Gefahren auseinanderzusetzen. Das Ziel einer spielerischen Auseinandersetzung mit diesem Thema, wäre verfehlt, wenn der Mitarbeiter vom Fernsehen seine Welt als die beste aller möglichen Welten hinstellt und jegliche Kritik fern hält.

Didaktische Überlegungen

Das Spiel mit den Masken, die aus Portraits von bekannten Gesichtern aus den Fernsehsendungen bestehen, dient bei dieser Maskenaktion hauptsächlich dazu, den Jugendlichen einen Einstieg in die Problematik zu ermöglichen. Durch das Spiel mit Masken kann Fernsehen so gespielt werden, wie es erlebt wird. Die Unterhaltungsstereotypen werden nachgespielt, und dennoch können die Jugendlichen sich mit dem Maskenspiel ironisch überhöhend von der »Fernsehfamilie« distanzieren. Man braucht die Dinge nicht mehr ernst zu nehmen.
Die Masken können bei einem geschickten Einsatz erreichen, daß die Fernsehfiguren auf ihre wesentlichsten Züge reduziert werden. Strukturen von Unterhaltung können deutlich werden. Andererseits haben die Masken gegenüber einem normalen Rollenspiel den Vorteil, daß sich spielunsichere Jugendliche zuerst einmal hinter der Maske »verstecken« können und dadurch Hemmungen abgebaut werden. Und drittens wird durch die TV-Maske und deren Spiel das Schwergewicht auf Bewegung, Aktion und Ausdruck gelegt und nicht wie beim Rollenspiel die Sprache in den Vordergrund geschoben. Damit wird ein Zugang zum Spiel und dem Thema gerade den Jugendlichen eröffnet, die sonst bei einer hauptsächlich theoretischen und sprachlichen Behandlung des Themas nicht mithalten können.
Neben dem Eigenwert eines Fernsehmaskenspiels steht auch die motivierende Funktion des Spiels, sich intensiver mit dem angerissenen Thema weiter zu beschäftigen. Zum Spiel selbst sind in diesem Zusammenhang keine weiteren Vorinformationen nötig, denn jeder sieht fern und kann seine Eindrücke im Spiel verarbeiten.
Die Masken müssen vor einer Wochenendfreizeit schon so weit

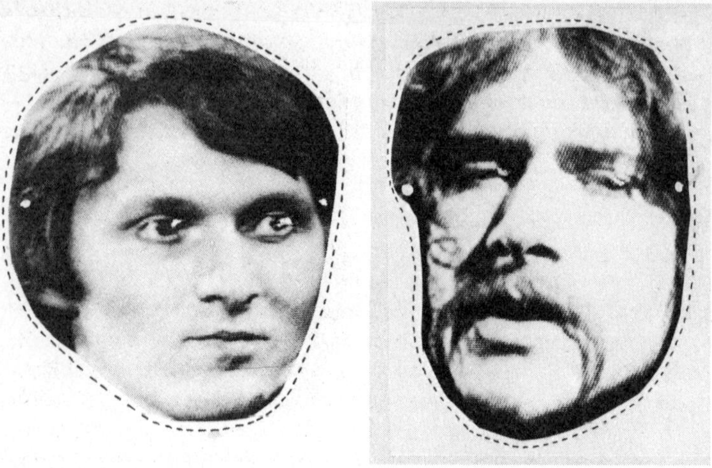

Fernseh-Fotomaske

vorbereitet sein, daß die fertigen Fernsehportraits in Naturgröße nur noch auf den Plakatkarton aufgeklebt, ausgeschnitten und die Gummis befestigt werden müssen (zur genauen Bauanleitung siehe Seite 64). Das bedeutet, daß die Vorbereitung schon früh genug beginnen muß, damit Aufnahme, Filmentwicklung und Vergrößerung rechtzeitig fertig sind. Meist finden sich im Kreis der ehrenamtlichen Mitarbeiter (oder deren Eltern) einer oder mehrere, die gerne diese Aufgabe übernehmen.

Bei einer größeren Anzahl von Jugendlichen empfiehlt es sich, auf der Wochenendtagung einzelne Untergruppen zu bilden, die sich jeweils einen speziellen Bereich aus dem Programmangebot des Fernsehens herausnehmen. Wenn jeder sich für eine Gruppe entschieden hat, sollten Gruppenleiter Impulse geben können, die zu einer Spielidee führen. Und wenn ein Spielrahmen besteht, werden aus einer möglichst großen Anzahl von Fotografien die für das Spiel geeignetsten ausgesucht. Gemeinsame Fertigstellung der Masken und erste Spielversuche sollen folgen.

Sobald die einzelnen Untergruppen z. B. aus den Bereichen Werbung, Krimi, Sport oder Western ihre Fernsehmaskenspiele fertig »inszeniert« haben, werden die Produkte gegenseitig vorgespielt, gebührend gewürdigt und gründlich diskutiert. Bei dieser Phase sollte schon der Mitarbeiter aus einer Fernsehanstalt dabei sein, denn er kann mit seinen Schilderungen an dem ansetzen, was die Maskenspiele vorgeführt haben. Der Bezug zum Thema wird konkreter für ihn und die Jugendlichen.

Tips zum Spiel

Bevor die Jugendlichen in die Spielproben einsteigen, ist es sinnvoll, ein paar kurze Tips zum Spiel mit den Masken zu geben. Eine kurze Vorführung von kleinen Szenen macht das Spezifische am Maskenspielen noch deutlicher und gibt den Jugendlichen Spielanregungen.
Wie beim Theaterspielen so muß hier noch stärker »nach vorne gespielt« werden. Wenn die Spieler sich bei Dialogen auf der Bühne gegenüberstehen, sehen die Zuschauer nur die Seitenpartie der Masken und bei solchen flachen Fernsehmasken dann gar nichts mehr.
Dadurch daß bei einer starren Maske die Mimik des Gesichts als Ausdrucksmittel fortfällt, müssen Stimmungen »in den Körper reingeholt«werden. Traurigkeit, Freude, Zorn oder Gleichgültigkeit müssen so in Bewegung gesetzt werden, daß das Gesicht nicht mehr als Ausdrucksmittel benötigt wird. Manche Masken prägen die Bewegung schon vor, weil sie einen ganz starken Ausdruck in eine bestimmte Richtung besitzen. Bei anderen neutralen Masken ist es jedoch erstaunlich, wie sie ihren Ausdruck durch eine Veränderung in der Bewegung plötzlich verwandeln können.
Das Sprechen ist hinter den meisten Masken nicht möglich, da durch die Masken alles verschluckt wird. Der Mitspieler kann vielleicht noch ganz gut verstehen, doch die Zuschauer hören nur ein undeutliches Gemurmel. Maskenspiele brauchen auch nicht viel Sprache. Musik, Bewegung und Geräusche kommentieren das Spiel und bilden zusammen mit der Maskenaktion die wesentliche Aussage. Wenn es unerläßlich ist, könnten vorher besprochene und bespielte Tonbandaufnahmen Hilfsmittel sein. Auch

kommentierende Spieler oder Ansager können zur Hilfe genommen werden. Nur muß man sich immer deutlich machen, daß das Wesentlichste die Maske und die Bewegung ist.
Langsam spielen! Oft geschieht es, daß nach mehrmaligen Proben das Spiel zu schnell wird. Wenn zu viele Einzelheiten in eine kurze Szene »reingepackt« werden, können die Zuschauer nicht mehr folgen und wichtige Einzelheiten gehen verloren. Lieber die kleinen Pausen im Spiel etwas überziehen als das Ganze zu verhuschen.

Themenangebote für die Gruppenarbeit

Krimi: **»Der Zweck heiligt die Mittel«**
Oft gebrauchen Kommissare in den Krimis illegale Methoden, um die »Verbrecher« zur Strecke zu bringen. Der Zweck heiligt dabei die Mittel. Durch die positive Identifikation mit dem »guten« Kommissar werden hinterrücks Polizeimethoden verharmlost, die nicht immer legal sind.

Western: **»Das Faustrecht lebt noch«**
Konfliktlösungen mit der Faust. Dies wird in den Western manchmal soweit getrieben, daß Brutatlität schon wieder sympatische Züge gewinnt, wenn der positive Held sich ihrer bedient.

Quiz und Spiel ohne Grenzen: **»Ist die beste Freude die Schadenfreude?«**
Oft werden in den sehr beliebten Unterhaltungssendungen mit dem Scheitern von Kandidaten Publikumserfolge erzielt. Die Tolpatschigkeit bei Geschicklichkeitsspielen erzielt Lacherfolge. Alternative Spielmöglichkeiten, die auf Hilfe und Solidarität aufgebaut sind, kommen kaum in den Blick.

Werbung: **»Was nun, Frau Saubermann?«**
Problemlösungen durch Industrieprodukte. Die Scheinwelt der Werbeindustrie ist leicht durchschaubar, denn jeder erfährt täglich, daß man eben nicht mit Waschmitteln zwischenmenschliche

Probleme lösen kann. Die Aufarbeitung dieser Widersprüche kann weiterführende Einsichten in unserer Industriegesellschaft vermitteln.

■ Programmskizze für eine Wochenendtagung ■

Diese Wochenendtagung hat in der geschilderten Form stattgefunden. Aus den Nachgesprächen konnte man entnehmen, daß sie den Jugendlichen gefallen hat und kleine Einblicke in das Massenmedium Fernsehen geben konnte. Sie wurde mit der Jugendbildungsarbeit Hagen und mir – dem Verfasser des Buches-gemeinsam geplant und durchgeführt. Nachahmung herzlich gerne erlaubt!

- *Samstag nachmittag*

  Einführung in das Spiel mit der Maske
  Bildung von Interessengruppen zu einzelnen Bereichen des Fernsehens
  Krimis: »Der Zweck heiligt die Mittel«
  Western: »Das Faustrecht lebt noch«
  Quiz und Spiel ohne Grenzen: »Ist die beste Freude die Schadenfreude?«
  Werbung: »Was nun, Frau Saubermann?«
  (Erläuterung der Themen siehe S. 40)

  Gruppenarbeit (Schwerpunkte)
  Austausch von Erfahrungen über die einzelnen Themenbereiche
  Diskussion über die Verschiedenartigkeit von Fernsehwelt und Alltagserfahrungen. (Im Film kommt es doch meistens zum guten Schluß)
  Die Masken werden hergestellt.

- *Samstag abend*

  Fortsetzung der Arbeit
  Spielproben mit den Masken

- *Sonntag vormittag*
  Standpunkte – Vorhang auf
  Darstellung der Gruppenergebnisse im Plenum
  Diskussion und Gespräche mit einem Fachmann aus einer Fernsehanstalt (Nach welchen Gesichtspunkten wird ein Fernsehprogramm erstellt? Welche Wirkungen gehen von der Mattscheibe aus?)

- *Sonntag nachmittag*
  Das wars
  Erfahrungsaustausch über das Wochenende. Kritik an der Durchführung.

Materialien und Literatur

Materialien für die Herstellung der Fotomasken siehe S. 65

Hrsg. Dieter Baake,
Mediendidaktische Modelle: Fernsehen
München: Juventa Verlag 1973

Sehr brauchbar für die inhaltliche Vorbereitung zu verschiedenen Bereichen des Fernsehens ist die Zeitschrift »medium«, die vom Gemeinschaftswerk der Evangelischen Publizistik Friedrichstr. 2–6, 6000 Frankfurt herausgeben wird. Hier ist auch weiterführende Literatur angegeben.

● 4. Ham' die eitlen Wissensgeister ● dem Atome sich ergeben

Ein Spiel mit Masken und Puppen über das Thema Umweltschutz – Atomkraftwerke

■ Das Thema ■

Das öffentliche Interesse ist, was die Frage des Umweltschutzes anbelangt, wacher geworden. Kein Wunder, denn es vergeht kaum eine Woche, in der nicht in der Presse oder den Massenmedien eine Meldung über eine vergiftete Mülldeponie, Flußverunreinigungen oder andere erschreckende Vorgänge veröffentlicht werden. Oft sind es nur Nachrichten am Rande. Aber viele Leute haben gelernt, nicht nur bei Kaufverträgen das Kleingedruckte, sondern auch in der Presse die Randnotizen zu lesen.
Nur um die Atomkraftwerke und schnellen Brüter ist es etwas stiller geworden. Die großen Auseinandersetzungen zwischen Atomkraftgegnern und Polizei bleiben aus. Die Widerspruchsverfahren werden in den Gerichten abgehandelt. Es entsteht der Eindruck, als ob die Öffentlichkeit die Entscheidungen an die Verantwortlichen delegiert habe. Gelegentliche Abschaltungen oder Bagatellunfälle werden erst sehr viel später bekanntgegeben. Die Frage der Endlagerung von radioaktivem Müll scheint zur Zeit auch nur noch Experten zu beschäftigen. Dennoch sind es gerade die Umweltprobleme im Zusammenhang mit der Atomenergie und ihren Auswirkungen, die am brisantesten sein müßten, da sie unsichtbar, aber gleichzeitig am weitreichendsten sind, was den Eingriff in unsere Zukunft und die Zukunft der nächsten Generationen betrifft.
Leider wird dies in der Informationspflicht der Kernkraftbefürworter und der Atomkraftwerksbetreiber stark vernachlässigt. Mit einer dicken Schicht Beton umgeben und in einem Salzstock ver-

steckt, meint man das Problem für mindestens 24000 Jahre aus der Welt geschafft zu haben. Daß ein solcher Salzstock diese Zeit unbeschadet übersteht, ist für die Verantwortlichen ausgemachte Sache. (Nur eine kurze Zwischenbemerkung dazu: Der letzte Vulkanausbruch in der Eifel war vor ca. 10000 Jahren.) Ich finde, daß sich hier die Verantwortlichen in Politik und Wirtschaft Entscheidungen für viele Generationen anmaßen, die erschrekkende Dimensionen annehmen. Die Last und Bürde der Bewachung des radioaktiven Abfalls wird den nachfolgenden Kindern und Enkelkindern überlassen unter dem Motto: nach uns (und unserem Wohlstand) die Sintflut.

Die biblische Aufforderung der menschlichen Herrschaft über die Erde kann jedoch nicht so aussehen, daß durch großtechnologische Entwicklungen, wie sie die Atomenergie darstellt, die Erde unbewohnbar gemacht wird. Ob der kritische Punkt in hundert Jahren oder erst in dreihundert Jahren erreicht wird, ist dabei belanglos. Das Bebauen der Erde zum Wohle der Menschen beinhaltet gleichzeitig die Bewahrung der Umwelt (Genesis 2,15) und nicht deren fortschreitende Vernichtung. Der Wert des heutigen Wohlstands – der sowieso nur den »Wohlstandsgesellschaften« zu gute kommt – muß dem untergeordnet sein.

Ein weiterer kritischer Punkt ist die Reaktorsicherheit. Dazu soll Prof. Dr. Erich Huster, Direktor des Instituts für Kernphysik der Universität Münster zu Wort kommen: »Auch der normale Reaktor ist unfallträchtig wie jede technische Einrichtung. Der größte denkbare Unfall heißt »Super – Gau«. Dabei treten radioaktive Stoffe in riesigen Mengen in die Umgebung aus und werden durch Wind und Wasser weit verfrachtet. Gefährlichster Stoff: Plutonium 239. 1 millionstel Gramm kann Lungenkrebs erzeugen. Erzeugung je Wasserreaktor ca. 250 kg pro Jahr! Nach einer US-Abschätzung ist ein Super-Gau für ein Kernkraftwerk nur einmal in 170000 Jahren zu erwarten. Bei 500 Kernkraftwerken bedeutet das: Alle 340 Jahre einmal! Nach TÜV-Abschätzungen wäre dabei in der dichtbevölkerten Bundesrepublik mit 100000 Soforttoten und über 1,5 Mio. langsamer Sterbenden zu rechnen.

Die Befürworter: beides ist übertrieben. Die Gegner: das ist möglich.

Aber auch 10 % davon sind nicht tragbar, denn nach einer »konventionellen Katastrophe« solchen Ausmaßes räumt man Tote und Trümmer weg und baut wieder auf. Eine mit Plutonium verseuchte Gegend aber kann man Jahrtausende lang nicht betreten. Von einem Kilogramm Plutonium 239 ist nach knapp 25000 Jahren ein halbes Kilogramm noch da. Und aus einer Plutonium verseuchten Gegend darf man keine Menschen herauslassen. Sie könnten Plutonium auf sich tragen (an Tiere scheint noch niemand gedacht zu haben oder an Brände, die mit ihrem Rauch Plutonium verbreiten). Katastrophenpläne sind bisher nicht bekanntgegeben worden.« (Prof. Dr. Erich Huster, Argumente in 12 Thesen, aus: Mitteilungen, Evangelische Jugend in Nordelbien 1/77)

Durch diese Tatsachen und Berechnungen kommt eine begründete Angst bei den Bürgern auf. Der Streit um Kommas oder Prozentsätze für Reaktorsicherheit und verträgliche Strahlenbelastungen kann durchaus nicht über die grundsätzliche Gefahr hinwegtäuschen, obwohl sich einige Technologie-Gläubige davon beeindrucken lassen.

Und oft wird in heftigen Auseinandersetzungen von den Befürwortern der Atomkraft beschwichtigt: Laßt die Diskussionen sachlicher werden! Man soll doch nicht so gefühlsmäßig reagieren, und man soll Vertrauen haben!

Nur wie soll man Vertrauen in die Verantwortlichen haben, wenn erst nach einer wichtigen Abstimmung im Bundestag über den Weiterbau des schnellen Brüters bekannt wird, daß ein Forschungsreaktor dieses Typs in Karlsruhe schon seit mehreren Monaten wegen eines nicht zu behebenden technischen Defekts stillgelegt ist (Anfrage des F.D.P. Abgeordneten Friedrich Hölscher an die Bundesregierung, Pressedienst der Bundestagsfraktion der F.D.P. vom 16 Januar 1979). Die Angst ist und bleibt berechtigt. Die zugegebenermaßen gefühlsmäßige Sorge um die Zukunft der nachfolgenden Generationen wird bei vielen Bürgern weiter bestehen.

Die Verantwortlichen sollten diese Ängste ernst nehmen, denn nicht jeder kann bei der Diskussion um Atomphysik und Prozentzahlen mithalten. Auch das vorgeschobene Argument, die Atomkraftgegner seien gelenkte Provokateure oder jugendliche Spin-

ner, ist seit Whyl nicht mehr gültig, wo der Widerstand nur durch die Unterstützung der alteingesessenen Winzer und Bauern aufrecht erhalten werden konnte. Daß die Kirchen sich hier nicht aus der Verantwortung ziehen können, ist offensichtlich. Und ob der Schritt und die Argumentation des Bischofs Heinrich Tenhumberg hier richtungsweisend sein sollten, bleibt sehr fraglich. Er verkaufte Grundstücke für den in Kalkar geplanten schnellen Brüter und begründete diesen Schritt mit der lapidaren Feststellung: »Mit der technisch gewonnenen Energie sind immer gewisse Risiken verbunden!« (evangelische jugendinformation – eji, 4/77 S. 25)
Dies darf nicht die Richtschnur für kirchliches Handeln sein und muß es auch nicht, denn auch solche Stimmen sind zu hören: »Doch ich bin der Meinung, daß natürlich nicht alle Umweltschützer Christen – aber alle Christen Umweltschützer sein müssen« (Enoch Freiherr zu Guttenberg, eji 4/77 S. 25/26)

Ein Spielrahmen

Die Ängste über die möglichen Folgen der Atomtechnologie und die Schwierigkeit, die Atomkraft zu bändigen, können gut zum Inhalt einer kombinierten Masken- und Puppenaktion gemacht werden. In einem einwöchigen Seminar über Masken- und Puppenspiel ist dafür eine Rahmenhandlung entwickelt worden, die als Anregung für ein Gruppenspiel brauchbar ist. Wir haben dabei eine literarische Vorlage, das Gedicht »Der Zauberlehrling« von Johann Wolfgang von Goethe auf die Diskussion um die Atomenergie bezogen: Hier die Wissenschaftler – im Gedicht der Zauberlehrling; in unserem Fall die Atomenergie – im Gedicht der nicht enden wollende Wasserstrom. Auch der Besen des Gedichts kann eine Parallele zum Spiel in unserer Gegenwart haben: Zuerst ein Atomkraftwerk, dann eine Plutoniumvernichtungsanlage, dann ein schneller Brüter. Es wird immer mehr, aufwendiger und gefährlicher.
Die Geschichte, die anhand der Neufassung des Gedichts entstehen kann, ist gut durch Puppen auf einer normalen Handpuppenbühne spielbar. Einzelne andere fiktive Situationen, die Situa-

tion nach einem Reaktorunfall oder die möglichen genetischen Veränderungen wie Strahlenkrankheiten können durch Maskenspiele mit Masken und Schwellköpfen vor der Puppenbühne geschehen. Dazu kann man folgende Figuren entwickeln: **Puppen**: Atomminister, Industriemanager, Polizist, Hausfrau, Student, Bauer, usw. **Masken**: ein Totenkopf, ein Ungeheuer, Tiere usw.

Verschiedene Spielszenen sind dabei denkbar. Die Gleichgültigkeit einer Familie, was die Atomenergie anbetrifft, wird jäh durch die Ausrufung eines Katastrophenalarms wegen eines Reaktorunfalls durchbrochen.

Zwei Polizisten unterhalten sich über die Zukunft des zu bewachenden Atomkraftwerks. Bei einem Polizisten ist gerade Familiennachwuchs gekommen. Wie wird dessen Zukunft aussehen?

Ein Bauer will sein Land nicht verkaufen und zieht mit seiner Kuh zu einer »Expertendiskussion« über die »Notwendigkeit der Kernenergie«.

Fünfhundert Jahre später! Menschen (?) unterhalten sich über die Anfänge der Atomenergie, und daß es da einige wenige gegeben haben soll, die damit nicht einverstanden waren. Aber anscheinend hatten die meisten von den Gefahren damals »nichts gewußt«.

Dazu kann ein Clown mit einer Halbmaske das ganze Spiel einleiten, kommentieren und zum Schluß weise Ratschläge geben. Diese Clownfigur – die auch von einem Puppenkasper verkörpert werden könnte – ist wichtig. Sie stellt die Beziehung zwischen dem Publikum im Spiel her. Sie muß auf das Publikum eingehen und sie kann spontane Kommentare zum Tagesgeschehen geben, die das Puppen- und Maskenspiel zu seiner spezifischen Spielform kommen lassen.

Zur Anregung für diese Rahmenhandlung die erste Strophe einer Umarbeitung des Goethe-Gedichts:

Der Zauberlehrling (J. W. v. Goethe)

Hat der alte Hexenmeister
sich doch einmal wegbegeben!
Und nun sollen seine Geister
auch nach meinem Willen
leben.
Seine Wort' und Werke
merk ich und den Brauch,
und mit Geistesstärke
tu ich Wunder auch.

Walle! Walle!
Manche Strecke,
daß zum Zwecke,
Wasser fließe
und mit reichem, vollem
Schwalle
zu dem Bade sich ergieße.

Der Atomstrom

Ham' die eitlen Wissensgeister
dem Atome sich ergeben
und nun sollen Isotopen –
Geister Wirtschaftsinteressen
heben. Ihre Wort und Werke
scheinen Reichtum zu ver-
sprechen, doch trotz andrer
Argumente sie den Bürger las-
sen blechen.

Walle! Walle!
Brause, zische
daß zum Zwecke
Strome fließe
und mit reichem, vollem
Schwalle
sich in die Industrie ergieße.

Dieses Gedicht kann durch eigene Phantasie weiter gedichtet werden und z. B. dem Clown als Leitmotiv für die Ansagen dienen.

Didaktische Überlegungen

Wird diese Thematik mit einer Jugendgruppe in Gruppenstunden verhandelt und soll in diesem Zusammenhang ein Spiel mit Masken entwickelt werden, so dürfen natürlich nicht nur die gefühlsmäßigen Ängste oder die gläubige Verherrlichung des technologischen Fortschritts zum Tragen kommen. Am Anfang der Gruppenstunden sollten möglichst viele Informationen über die Technologie und die Argumentation für eine wirtschaftliche Notwendigkeit gegeben werden. Natürlich können dabei der Gruppenleiter oder das Team, die eine solche Thematik einbringen wollen, parteilich sein. Sie sind es in jedem Fall, denn eine Neutralität würde im Endeffekt doch eine Zustimmung bedeuten. Immer

Gustav Gau, Kernphysiker

aber müssen sie der Gruppe die Möglichkeit lassen, sich mit den Argumenten von Gegnern und Befürwortern auseinanderzusetzen. Ebenso müssen die Folgen der Entscheidung für das persönliche Leben des einzelnen mitbedacht werden.

Die notwendige **Informationsphase** über die Grundposition in dem Streit um die Atomenergie darf aber nicht mittels trockener Referate geschehen. Es gibt viele Medien (Spiele, Dia-Serien, Filme), die einen guten Einstieg in dieses Thema geben. Noch günstiger ist es, wenn Vertreter einer örtlichen oder nahegelegenen Bürgerinitiative zu Wort kommen können, da die persönliche Betroffenheit für die Jugendlichen das Thema wesentlich greifbarer werden läßt. Die Gruppenleiter oder das Vorbereitungsteam sollten sich vorher ausführlich mit dem Thema beschäftigt haben, um das Material und die Gespräche der Gruppe entsprechend aufarbeiten zu können. Hierbei gibt es keine allgemeinen Rezepte, denn jede Gruppe ist anders strukturiert, läßt sich anders ansprechen und kann unterschiedlich lange zu einem für sie vorerst abstrakten Thema arbeiten.

In einer **zweiten Einheit** sollten die Medien für das Spiel vorgestellt und erklärt werden. Hierbei ist es hilfreich, wenn in diesem Fall schon Masken aus Agoplast und Puppenformen vorgestellt werden können, mit denen das Spiel über Atomkraftwerke durchgeführt werden soll. Nachdem jeder einmal die Puppen befühlt und geführt und die Masken aufgesetzt hat, sollte die Herstellungstechnik erläutert werden. Wenn keine Vorführmodelle zur Verfügung stehen, so tun es zur Not auch Bilder und Illustrationen.
Mit den beiden Elementen Information und Material sind die Voraussetzungen für eine vorerst nur grobe Planung des Spieles gegeben. Die Rahmenhandlung, die Figuren, das Zielpublikum, die technischen Voraussetzungen und möglicherweise schon einzelne Spielszenen sollten nun festgesetzt werden. Die Phantasie der Gruppe und manchmal auch das »Rumspinnen« haben hier ihren Stellenwert. Ein bewertendes Eingreifen der Gruppenleiter könnte viele kreative Ideen unterbinden. Die Ideen und Vorschläge müssen schriftlich festgehalten werden, um sie später immer parat zu haben.

Und dann beginnt die **Herstellung** der Masken und Puppen anhand der vorher festgelegten Figuren. Innerhalb der Gruppe wird es sich erweisen, daß unterschiedlich schnell gearbeitet wird und manche schon fertig sind, während andere noch ihre Maske bemalen. Hier können die Gruppenleiter auf den solidarischen Gruppenzusammenhang aufmerksam machen, daß gegenseitig Hilfestellung gegeben wird. Manche können sich auch schon die Ton- oder Beleuchtungstechnik vornehmen. Es empfiehlt sich, die ganze Gruppe in einem Raum arbeiten zu lassen, damit jeder die Entstehung auch der anderen Puppen und Masken miterleben kann.

Mit den fertigen Figuren werden die **ersten Spielproben** gemacht und von der gesamten Gruppe kritisch beurteilt. Anhand dieser kurzen Spielszenen können nun von den Gruppenleitern gerade beim Spiel mit den Masken ausgesuchte Pantomimen – und Bewegungsübungen eingebracht werden. Hierdurch wird das spätere Spiel sicherer, die Aussage »kommt rüber« und wird den Zuschauern deutlicher. Musik und Lieder speziell für dieses Spiel, machen es zusätzlich lebendiger, aussagekräftiger und eindrucksvoller.

Nun heißt es eigentlich nur noch, sich intensiv auf eine **Aufführung** bei einem Gemeindefest, auf der Straße, als Einleitung zu einer Diskussionsrunde oder bei anderen Gelegenheiten vorzubereiten. Nach der Vorführung wird es sich dann herausstellen, ob die Puppen und Masken wirkungsvoll genug waren, aber auch wie intensiv der Lernprozeß über das Thema innerhalb der Gruppe gelaufen ist. Dieses Spiel und die Notwendigkeit, Gelerntes in Spielaktionen für andere umzusetzen, wird sicherlich einen stärkeren Bezug zum Thema herstellen. Es kann aber auch geschehen – und hier sollten die Initiatoren eines solchen Projektes darauf achten –, daß die notwendige Spielfreude die inhaltliche Arbeit und den politischen Lernprozeß zu sehr an den Rand drängt. Damit wäre aber die Absicht des Projektes verfehlt.

Damit die handwerkliche Seite bei dieser Gruppenarbeit nicht allzu stark überwiegt, können Herstellungstechniken angewandt werden, die relativ einfach sind und keine große Vorkenntnis erfordern. Agoplastmasken (siehe Seite 69) und Handpuppen aus Papiermaché (Bauanleitung siehe Seite 81) sind für dieses Spiel über Atomkraftwerke gut geeignet. Die Strapazierfähigkeit der Agoplastmasken ist groß, und so kann das fertige Spiel oft und unter den verschiedensten Bedingungen wiederholt werden.
Die Gruppe sollte bei der Herstellung der Figuren darauf achten, daß sowohl die Puppen als auch die Masken möglichst einheitlich gestaltet werden. Es wirkt sich im Spiel ungünstig aus, wenn z. B. die Puppenköpfe unterschiedlich groß sind. Auch bei den Masken sollen Unterschiede geplant werden und sich nicht erst bei den Proben störend bemerkbar machen. Von daher sollten al-

le Planungen möglichst gemeinsam und die Herstellung der Figuren in einem Raum geschehen. Das spätere Spiel bekommt dadurch eine größere Geschlossenheit.

■ Vorschlag für die Planung eines Gruppenprojekts ■

1. Abend	Einstieg in das Thema mit Film oder Dia-Serie und Gesprächen mit Vertretern von Bürgerinitiativen
2. Abend	Vertiefung des Themas (Gefahren, technische Fragen, politische Aspekte, Folgen für das persönliche Leben) Vorstellung und Erkärung des Puppen- und Maskenbaues
3. Abend	Planung der Rahmenhandlung, Figurenentwürfe und Beginn des Figurenbaues (Hierfür den Abend etwas länger ansetzen)
4. Abend *5. Abend* *6. Abend*	Bau und Fertigstellung der Masken und Figuren
7. Abend *8. Abend*	Erste Spielversuche mit Bewegungsübungen, Spielproben und musikalischer Untermalung sowie Herstellung der Bühne, Technik
9. Abend	Proben

Von hier an bis zur Aufführung wird man in diesem Planungsvorschlag nicht mehr sagen können. Die Gruppe muß selbst sehen, was noch gemacht, besorgt, geprobt, durchdacht werden muß.

■ Material und Literatur ■

Material für Masken und Puppenbau siehe entsprechende Bauanleitung Seite 70 + 81

Zum richtigen Verständnis der Kernindustrie,
Projektgruppe des Projekts SAIU an der Universität Bremen. Berlin: Oberbaum Verlag 1975

Technologie und Politik Nr. 7, Der atomindustrielle Komplex
Reinbek bei Hamburg: Rowohlt Verlag, 1976

ejb-Nachrichten, Sondernummer Juni 1977
Hrsg. für Jugendarbeit der ev. luth. Landeskirche in Braunschweig

Wehrt euch
Lieder aus der Anti-Atomkraftsbewegung
Frankfurt: Verlag Jugend u. Politik
(Hamburger Allee 49)

Materialien auch vom
Informationskreis Kernenergie
Heussallee 2–10
5300 Bonn 1
(Hier ist auch eine kurze Dia-Serie erhältlich.)

»Ohne Wachstum hat das Leben keinen Sinn«, sagte die Krebszelle.
Jan Tomachoff

5. Der Clubraum

Ein Puppenspiel über den Gemeindealltag

Das Thema

In den vielen Gemeinden und Kirchenkreisen, die ich bis jetzt besucht habe, tauchte ein durchgängiges Problem auf: Wo sind die Räume, in denen Jugendarbeit gemacht wird, und wie sehen sie aus? Ich will hier nicht von den rühmlichen Ausnahmen reden,

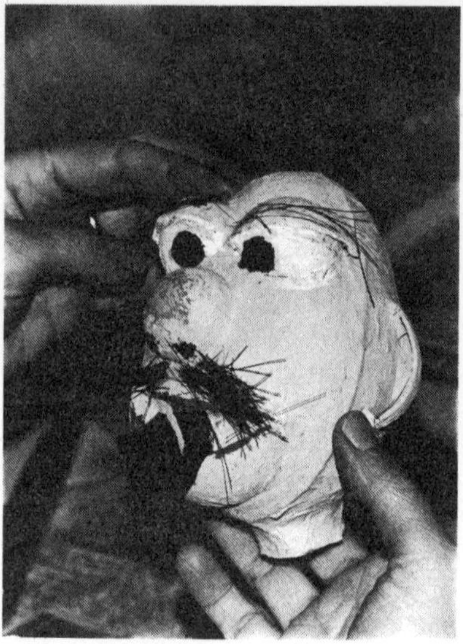

(rechts) Herr Grimmlich
(links) Herr Moosacher

z. B. von Häusern der Offenen- und Teil-Offenen Tür oder Jugendzentren. Hier gibt es meist Räume, die den Jugendlichen gehören. Mir geht es hier um ein durchschnittliches Gemeindehaus, sauber geputzt, damit alle Gruppen – Konfirmanden, Frauenhilfe, Posaunenkreis, Jungschar usw. – es benützen können. Vielleicht hängt hier und da mal ein Plakat oder ein Bild, das daran erinnert, daß auch Jugendliche öfters diesen Raum benützen.
Nun höre ich schon die Verantwortlichen in der Gemeinde entgegnen: Richtig, wir haben keinen speziellen Raum nur für die Jugendlichen. Aber wir müssen doch auch an all die anderen Gruppen in der Gemeinde denken, die jede Woche ihre Veranstaltungen im Gemeindehaus haben. Erstens brauchen wir Räume dafür und zweitens haben die Frauenhilfe, die Jungschar, der Posaunenkreis ja auch keinen eigenen Raum. Also sollen die Jugendlichen mal bescheiden bleiben.

Doch gibt es Gründe, warum ich ein Plädoyer für die Einrichtung eines Clubraums halten will, der nur für die Jugendlichen da ist. Es geht dabei weniger darum, daß nur die Jugendlichen den Raum benutzen dürfen, sondern darum, daß sie einen Raum ganz nach ihren Vorstellungen gestalten können. Gibt es mehrere Jugendgruppen in der Gemeinde, so müssen sie sich sowieso zusammensetzen und so entscheiden, daß jede Gruppe zum Zuge kommt. Gerade in der Jugendphase, der beginnenden Ablösung vom Elternhaus, ist es wichtig, daß der Ort, wo man sich trifft, man sich aussprechen kann und wo man Freundschaften schließt, ein Ort ist, der ein Stück von einem selbst darstellt, der nach eigenem Geschmack – der im übrigen nicht der gleiche sein muß wie der der Mitarbeiter oder des Pfarrers – gestaltet werden kann.
Für Jugendliche, die zu Hause in einer geräumigen Wohnung ihr eigenes Zimmer haben, ist dies natürlich nicht so wichtig. Doch es gibt viele – zu viele -, die in kleinen Wohnungen mit mehreren Personen leben müssen. Für diese Jungendlichen z. B. aus Arbeiterfamilien wird das Angebot eines eigenen Clubraums fast schon zur Notwendigkeit. Der Raum und die Gruppe bieten ihnen einen festen Bezugspunkt. Hier kann sich ein Gruppenzusammenhang aufbauen, der auch in der Raumgestaltung seinen äußeren Ausdruck findet. Aus diesen Gründen sollten alle denkbaren Möglichkeiten erwogen werden, um einen oder mehrere Jugendräume den Jugendlichen in eigener Verantwortung zu überlassen. Ausbau des Kellers, Nachforschen nach leerstehenden Räumen, vielleicht sogar eine kleine billige Wohnung anmieten, es lassen sich fast immer Auswege finden, wenn im Gemeindehaus wirklich kein Platz mehr vorhanden ist.
Wie setzt man als haupt- oder ehrenamtlicher Mitarbeiter ein solches Anliegen durch. Zunächst, indem man sich zuerst einmal bei den Jugendlichen versichert, ob der Wunsch besteht, ob sie sich für so etwas einsetzen werden und ob sie ggf. bei einem Umbau, Renovierung oder der Möbelbeschaffung mithelfen würden. Mit deren Unterstützung wendet man sich dann an den Pfarrer und an das Presbyterium (Kirchenvorstand) und legt die Gründe dar. Man hat dabei eine bessere Verhandlungsposition, wenn man sich schon Alternativlösungen überlegt hat.

Nun ist es denkbar, daß der Raum dennoch nicht genehmigt wird. Und hier kommen wir zu unserem eigentlichen Thema, dem Puppenspiel.
Es ist bei solchen Forderungen immer sinnvoll, wenn möglichst viele von den Anliegen der Jugendlichen erfahren. Es gibt im Jahr einige Anlässe, zu denen sich die Gemeinde versammelt: Kirchweihfest, Gemeindefest, Erntedankfest, Weihnachtsfeiern usw. In solchen Festen liegt eine Chance; denn Programmpunkt könnte sein:

● Der Clubraum

(Ein Puppenspiel aus unserer Gemeinde)

1. Akt: Wohin mit den müden Häuptern?

In der ersten Abteilung sehen sie eine kleine Gruppe von Jugendlichen, die von Tür zu Tür ziehen und einen Raum suchen, den sie ihr eigen nennen und wo sie sich so oft treffen können wie sie wollen. Die Straße oder Kneipe scheint ihnen dafür nicht geeignet zu sein.

2. Akt: Wer hilft uns?

Auf ihrem beschwerlichen Weg treffen sie einige Leute aus der Gemeinde. Doch nicht immer finden sie beim Hausmeister, Pfarrer oder beim Kirchenvorstand offene Ohren und richtiges Verständnis.

3. Akt: Die Verhandlung

Nun sind ihre Wünsche bis in die höchsten, für sie fast unerreichbaren Ebenen des Kirchenvorstandes (Presbyteriums) gedrungen und heiße und leidenschaftliche Diskussionen über einen kühlen Raum im Keller des Gemeindehauses entbrennen.

4. Akt: Der Vorhang zu und alle Fragen offen?

Nun liebe Gemeinde sie haben die Geschichte miterleben können, die unsere Puppen ihnen vorgestellt haben. Vielleicht kommen Ihnen auch einige Figuren bekannt vor. Dies war Absicht! Und wie der letzte Akt nun tatsächlich ausgeht, liegt auch an Ihnen, hochverehrtes Publikum.

Nach diesem Puppenspiel müßte eigentlich einiges in Bewegung kommen, und möglicherweise können die Nachbesprechungen der Aufführung schon in einem eigenen Clubraum stattfinden.

Didaktische Überlegungen

Wenn für eine Jugendgruppe die oben beschriebene Ausgangslage zutrifft, so wird bei der Herstellung der Puppen kein allzu großer Aufwand getrieben werden können. Die Puppen aus Pappeiern und Pappkugeln können während des Bauvorgangs auch mal weggeräumt und nach einer Woche wieder weitergebaut werden. Die Herstellung ist einfach und Spezialwerkzeuge sind außer möglichst scharfen Scheren nicht nötig (Bauanleitung siehe Seite 76). Die ganze Aktion von der Planung bis zur Aufführung kann mit etwas mehr Einsatz innerhalb eines Monats durchgeführt werden, da man ja kein einstündiges professionelles Puppenspiel anzustreben braucht. Die Aufführung sollte einen Anspielcharakter besitzen. Dennoch muß sorgfältig geplant werden, wenn die Puppen und deren Spiel treffend auf eine konkrete Gemeindesituation eingehen sollen. Wichtig ist dabei: Viel Spiel und wenig Puppenrede. Denn die Puppen leben durch die Bewegung. Lange Monologe zerstören das Spiel.
Der oder die Initiatoren einer Spielaktion »Clubraum« müssen eine Vorarbeit auf jeden Fall leisten: genaue und exakte Informationen einholen und gemeinsam mit der Gruppe auch alternative Lösungen andiskutieren. Denn nichts ist peinlicher, wenn die Puppen Dinge behaupten, die so in Wirklichkeit nie gesagt worden sind. Bei schwierigen Fällen kann man sich dann nicht mehr hinter seiner Puppe verstecken.

Möglicher Zeitraum für die Aktion »Clubraum«

1.Abend: Konzeption des Spiels/Entwicklung der Figuren, Puppenbau

2.Abend: Puppenbau

3.Abend: Fertigstellen der Puppen und erste Spielversuche

4.Abend: Entwicklung der einzelnen Szenen

5.Abend: Durchspielen der Szenen, technische Voraussetzungen, Bühne
Anschließend Aufführung

● 6. Gespensterparty ●

Eine Anregung für Schminkfeten

■ Didaktische Überlegungen ■

Nicht nur während des Karnevals kann man sich das Gesicht schminken. Während einer Tanzfete, einer Discoveranstaltung oder zur Feier des Tages bei Freizeiten oder Wochenendtagungen kann eine kleine Schminkfete ungeheuere Stimmung bringen. Der Spaß an der Veränderung des Gesichts, die phantastische Bemalung machen eine solche Einlage in einem Fest zur Attraktion des Abends. Das Schminken soll nicht so exakt wie für eine Theateraufführung geschehen und dennoch empfiehlt es sich, dem ganzen eine bestimmte Thematik zu geben, weil sich daraus dann spontane Spiele ergeben können – aber nicht müssen.

Der Sinn einer solchen Schminkfete liegt nicht bei einem irgendwie geplanten Lernprozeß. Wie beim freien Malen können die Beteiligten ein Stück Kreativität, ein wenig Fantasie entfalten. »Wie siehst du denn aus?« Durch das Schminken erscheinen oft bekannte Gesichter von Freunden im anderen Licht, sie haben sich total verändert, auf einmal fallen einem bei schon lange bekannten Freunden neue Dinge auf.
Schminken hat den gleichen Ursprung wie das Maskentragen. Das Tragen von Masken hat oft eine Schutzfunktion, der Träger traut sich Dinge zu tun oder zu sagen, die er sonst nie gewagt hätte; ähnlich beim Schminken. Manchmal geschieht es, daß sonst sehr stille Jugendliche mit geschminktem Gesicht auf einmal aus sich herausgehen und eine Lebhaftigkeit entwickeln, die ihnen keiner zugetraut hätte. Dies kann zu einer positiven Erfahrung während des Gruppenfestes werden.
Doch soll man niemanden zum Schminken zwingen, denn manchmal muß man sich einen kleinen Ruck geben, um die erste Berührungsangst vor solchen Dingen zu überwinden. Bei Jugendlichen ist dies öfters der Fall. Kinder haben es hier etwas leichter, weil sie viel unbefangener an kreative Angebote herangehen.

Kleine Tips

Schminke gibt es in vielen Geschäften zu kaufen. Die meisten Schminken sind Fettschminken. Vor dem Auftragen muß man Creme unterlegen, und um die Schminke zu entfernen braucht man Abschminke. Fettschminke verschmiert jedoch nicht so schnell, wenn man unter Scheinwerferlicht oder beim Tanzen ins Schwitzen kommt.
Als eine Alternative zur Fettschminke gibt es eine wasserlösliche Schminke, die keine Creme benötigt und leicht mit Wasser und Seife zu entfernen ist. Sie eignet sich am besten für die oben beschriebene Schminkaktion. Alle Farben lassen sich gut wieder abwaschen. Nur bei den Farben silber und gold wird es etwas schwieriger.
Diese Naßschminke, aber auch andere Schminkfarben und diverses Material für die Maskenbildnerei bei Theaterspielen, sind

zu beziehen bei: Kryolan GmbH,
Papierstraße 10,
1000 Berlin 51.

Ein bißchen sollte man bei solchen Schminkaktionen darauf achten, daß es nicht allzu hektisch zugeht. Leicht kann man dann die Schminkfarben an allen möglichen oder unmöglichen Stellen finden. Zwar ist das Entfernen kein Problem, da die Farben leicht mit Wasser und Seife zu lösen sind. Doch gibt es viele Hausmeister und Putzfrauen, die nicht gleich davon zu überzeugen sind. Dies muß man mit einkalkulieren.

Ansonsten viel Spaß bei Schminkfeten!

C. Bauanleitungen
Masken und Puppen

1. Schaumstoffmasken

Schaumstoffmasken lassen sich leicht herstellen und können innerhalb kürzester Zeit im Spiel eingesetzt werden. Sie wirken großflächig und können mit verschiedensten Materialien zusätzlich sehr fantasievoll gestaltet werden. Die Schaumstoffmaske wird über den ganzen Kopf gezogen. Die Herstellungskosten für diese Masken sind sehr gering und es können mit einer Schablone gleich eine größere Anzahl hergestellt werden. Dadurch und durch die geringe Herstellungszeit sind sie auch für kurzfristige Gruppenaktionen gut geeignet.

Material und Werkzeuge

Eine Rolle 0,5 cm starker Schaumstoff (mindestens 60 cm breit) Schaumstoffreste – Plakatkarton – Schere – Uhu oder Technicoll – Kreppapier – Wolle – breite Filzstifte (Edding).

So wird's gemacht

Um die zwei Schaumstoffteile für die »Maskentüte« möglichst gleichmäßig aus der Schaumstoffbahn herausschneiden zu können, müssen vorher Schablonen aus Pappkarton hergestellt werden. So wird entsprechend der Zeichnung die Schablone aus Plakatkarton (oder anderer Pappe) ausgeschnitten. Diese Schablone wird auf die Schaumstoffbahn gelegt, mit Filzschreiber der Umriß nachgezogen und ausgeschnitten. Man braucht zwei solcher Schaumstoffteile, die mit Klebstoff am Rande festgeklebt werden. Die untere breite Seite wird nicht zugeklebt, sie muß wie bei einer Tüte offen bleiben. Der Klebstoff wird jedoch nicht direkt am Rand angebracht, sondern der Klebestreifen soll ca. 3 cm nach innen versetzt werden. So bleibt die Möglichkeit erhalten, verschiedene Dinge wie Ohren und Haare aus Kreppapier oder Wolle später zwischen die Schaumstoffränder zu kleben.
Sind die beiden Schaumstoffteile fest aneinandergeklebt – man

Schaumstoffmaske

muß ca. 10 Min. warten bis der Kleber halbwegs durchgetrocknet ist – setzt man die Maske kurz auf und markiert die Stellen, an denen Löcher für Augen und Nase eingeschnitten werden müssen. Danach kann die Maske mit zusätzlichen Schaumstoffteilen wie Nase, Backen, Ohren u. a. beklebt werden. Für diese Verzierungen werden Schaumstoffreste genommen, die man je nach Bedarf so beläßt oder zurechtschneidet. Dabei vorsichtig mit dem Klebstoff umgehen, so daß die beiden Schaumstoffteile nicht aneinandergeklebt werden!

Ist alles aufgeklebt, wird die Maske mit breitem Filzschreiber bunt bemalt. Die Farbe sollte großzügig verbraucht werden, da Masken u. a. durch effektvolle farbige Bemalung ihre charakteristische Wirkung erhalten. Sind alle Klebestellen durchgetrocknet, kann die Maske aufgesetzt werden. Sie ist dann spielfertig.

✶ Am Rande bemerkt ✶

Ein Nachteil besteht bei den sonst sehr wirkungsvollen Schaumstoffmasken darin, daß der Spieler unter der Maske sehr schnell ins Schwitzen kommt. Die Wärme wird durch den Schaumstoff stark aufgestaut. Deshalb kann man keine allzu langen Stücke mit diesen Masken spielen. Darauf muß bei der Stückeplanung geachtet werden. Wenn dies nicht bedacht wird, verlieren die Spieler am Anfang zu schnell die Lust am Maskenspiel.

☎ Bezugsquellen, Adressen, Hinweise ☎

Die Schaumstoffrolle und Reste davon sind in Schaumstoffgroßhandlungen zu haben, die es in jeder größeren Stadt gibt. Das Branchen-Fernsprechbuch hilft bei der Suche. Man kann auch in Möbelgeschäften oder Möbelwerkstätten nach deren Bezugsquellen von Schaumstoffen fragen!

● 2. Fotomasken ●

Fotomasken, hergestellt aus Portraits in Naturgröße und Plakatkarton können als besondere Variante zu bestimmten Formen des Rollenspiels eingesetzt werden. Bei Rollenspielen, die Beziehungen innerhalb einer Gruppe deutlich machen sollen, können die Portraitmasken zum bewußten Rollentausch dienen. Wie bei jedem Maskenspiel erleichtert die Maske dem Träger das Spiel, weil etwas zwischen ihn und den Zuschauer als »Schutzmaske« tritt.

In einem anderen Zusammenhang werden bekannte Portraits vom Fernsehen abfotografiert und als Masken in ein Spiel eingebracht, um sich in einer besonderen Form mit der Funktion des Massenmediums Fernsehen kritisch auseinanderzusetzen.

Material und Werkzeuge

Fotoausrüstung (keine Pocketkamera) – wenn möglich Dunkelkammer zum Vergrößern – Klebstoff – Schere – Plakatkarton – Gummiband – Illustrierte.

So wird's gemacht

Hier soll nicht im einzelnen beschrieben werden, wie man Portraits von Personen fotografiert, den Film entwickelt und vergrößert. Dies kann man in verschiedenen, nicht sehr teuren Fotobüchern nachlesen. Schwieriger wird es bei den Aufnahmen der Portraits vom Fernsehschirm für die »Fernsehmasken«. Hier gibt es keine genauen Anleitungen. Man muß, sowohl was die Belichtung als auch den Abstand der Kamera vom Fernsehgerät betrifft, etwas experimentieren. Bei hochempfindlichen Filmen (27 DIN) kann meist bei einer Blende 4 eine Belichtungszeit von 1/30-stel Sekunde genommen werden. Bei kürzeren Belichtungszeiten steht oft störend ein schräger Balken quer über dem fertigen Bild, der sich durch den Bildaufbau im Fernsehgerät ergibt. Hier heißt es also experimentieren! Auf keinen Fall darf jedoch ein Blitzgerät benutzt werden. Die Köpfe der Fernsehstars sollten möglichst den ganzen Bildschirm ausfüllen, damit beim Vergrößern kein allzu großer Qualitätsverlust auftritt. Die Bildschirmzeilen, die man beim Vergrößern stark bemerkt, werden beim Spiel nicht mehr wahrgenommen.

Sind die Vergrößerungen fertig, werden sie auf starken Plakatkarton aufgeklebt und die Köpfe ausgeschnitten. Zum Schluß werden mit einer spitzen Schere Sehlöcher eingeschnitten, ein Gummiband befestigt und das Spiel mit der Maske kann beginnen.

Wenn man keine Fotoausrüstung zur Verfügung hat, helfen lebensgroße Portraits aus Illustrierten weiter, die in der gleichen Weise auf Plakatkarton aufgeklebt und fertiggestellt werden.

Am Rande bemerkt

Beim Spiel mit diesen Masken muß der Spieler darauf achten, daß er immer mit dem Gesicht nach vorne spielt. Da die Masken flach sind, kommen sie nur zur Geltung, wenn sie der Zuschauer auch vollständig sehen kann!
(Foto siehe S. 38)

3. Gipsabdruck vom Gesicht

Der Gipsabruck von einem Gesicht dient bei der Maskenherstellung als Grundstock für einige Maskenformen. Die einfachste Form ist die Gipsmaske, die mittels Gipsbinden hergestellt wird. Sie ist schnell fertig, hat jedoch den Nachteil, daß sie beim Gebrauch im Spiel leicht bricht und nicht oft benutzt werden kann. Der Negativabdruck vom Gesicht dient als Ausgangsmaterial für kaschierte (kaschieren = Auslegen der Form mit Papierfetzen oder Agoplast-Teilen) Masken oder Positivabdrücke vom Gesicht.

Material und Werkzeuge

Gipsbinden (oder als besserer Ersatz: Jolo-Binden) – einfacher Baugips – Schüssel oder Behälter zum Anrühren von Gips – Vaseline – Stoffreste – Scheren – Pappe für Luftröhrchen – Zeitungspapier – Tesafilm – evtl. Draht.

So wird's gemacht

Für die Herstellung eines Gesichtsabdrucks soll im Arbeitsraum möglichst Ruhe herrschen, da Gelächter oder mehr oder weniger geistreiche Bemerkungen denjenigen verunsichern können, von dem der Abdruck gemacht wird. Es empfiehlt sich, in diesem

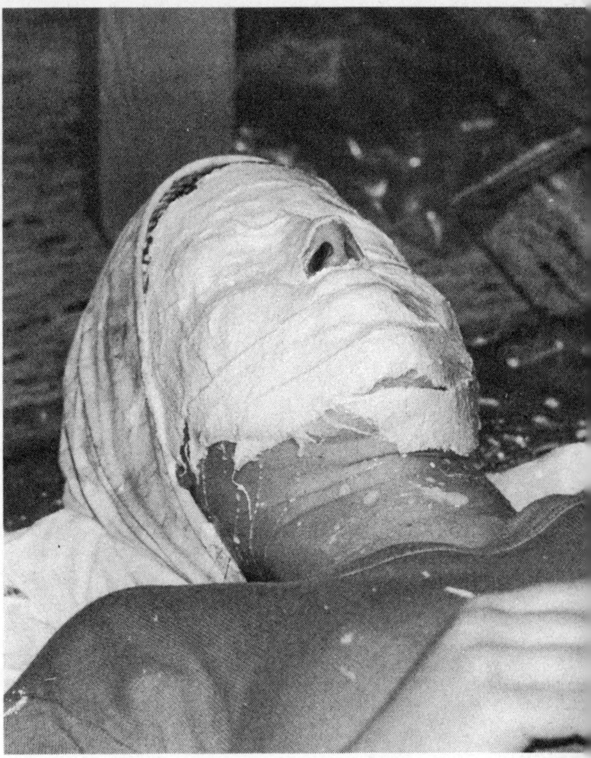

Gipsabdruck vom Gesicht

Raum leise Musik zur Beruhigung spielen zu lassen. Zuerst wird der Arbeitsplatz (am besten ein langer und stabiler Tisch) mit Zeitungspapier abgedeckt. Sodann sind zwei Arbeitsgänge für die Vorbereitung notwendig. Zum einen muß das Gesicht gut mit Vaseline eingerieben werden, wobei Haare, Augenbrauen, Wimpern und Haaransätze besonders dick eingeschmiert werden müssen. Bei Bärten muß dünne Haushaltsfolie darübergelegt werden. Die Haare bindet man am besten mit einem Tuch zurück. Als zweites werden die Luftröhrchen hergestellt und die Gipsbinden zurechtgeschnitten. Die Luftröhrchen rollt man aus dünnem Karton zusammen (ca. 3 cm lang) und fixiert die Rolle

mit Tesafilm. Die Gipsbinden werden in größere (5×5 cm) und kleinere (2×2 cm) Quadrate zerschnitten.
Nun legt sich derjenige, dessen Gesicht mit Vaseline vorbereitet wurde, flach mit dem Rücken auf den abgedeckten Tisch und schließt die Augen. Kleidung und Haare werden gut mit Tüchern abgedeckt. Die Nasenröhrchen zum Luftholen werden vorsichtig(!!) in die Nase hineingesteckt und eine kleine Schüssel mit Wasser bereitgestellt. Der nächste Arbeitsgang sollte zügig vorangehen. Die vorbereiteten Teile der Gipsbinden werden kurz in das Wasser eingetaucht und an den Rändern übereinanderliegend auf das eingefettete Gesicht gelegt. Es ist beruhigend für das Modell, wenn vorher angesagt wird, wo die Teile hingelegt werden, damit es sich nicht erschreckt. Mit den kleineren Quadraten werden Augen, Nase und Mund belegt, mit den größeren Stirn, Backen und Kinn. Die Gipsbinden sollen bis zum Haaransatz, den Ohren und über das Kinn gelegt werden. Vorsicht bei Augen und Nase! Wenn die erste Lage fertig ist, wird eine zweite Lage darübergelegt.
Nach ca. 15 Minuten ist die Gipsmaske ausgehärtet und kann vorsichtig vom Gesicht genommen werden. Dabei soll das »Modell« unter dem Gips Grimassen schneiden, um das Abnehmen zu erleichtern. Damit wäre ein Gipsmaske fertig.
Ist eine Weiterarbeit mit dem Gipsabdruck vorgesehen, so setzt man Gips an. In eine Schüssel wird langsam Gips eingestreut bis kein Wasser mehr auf der Oberfläche erscheint. Dabei darf auf keinen Fall umgerührt werden, da sonst der Gips zu schnell fest wird und abbindet. Nach 5–10 Minuten ist der Gips dickflüssig genug und kann außen dick auf den Gipsabdruck aufgetragen werden. Die Nasenlöcher müssen mit Gips zugeschmiert werden.
Dieser Überzug mit Gips dient zur Stabilisierung des Negativabdrucks. Wenn der Gips trocken und die Innenfläche mit Vaseline als Trennmittel eingerieben worden ist, können die Kaschierarbeiten mit in Kleister getränktem Papier oder Agoplast beginnen (s. auch: Masken aus Agoplast S. 69).
Diese Negativform kann noch weiter verwandt werden. Man kann abermals Gips ansetzen und die Negativform damit ausgießen. Wenn dabei eine Drahtschleife mit eingegossen wird, kann sie später als Gipsmaske aufgehängt werden. Falls man eine beson-

dere Spielmaske – z. B. Masken im Stil der commedia dell'arte – anfertigen will, werden auf dem Positivabdruck Nase, Stirn, Bakken oder sonstiges großzügig und grotesk mit Ton überformt.

✶ Am Rande bemerkt ✶

Die Gipsbinden, die man in Drogerien oder Apotheken kaufen kann, haben den Nachteil, daß sie eine sehr grobe Struktur aufweisen. Dadurch kommen die Feinheiten bei Augen, Nase und Mund nicht deutlich zum Ausdruck. Dies ist für die meisten Arbeiten nicht so ausschlaggebend. Wenn jedoch sehr genaue Gipsabdrücke gemacht werden sollen – z. B. beim Positivabguß – empfiehlt es sich, die Jolo-Modelliergipsbinden zu besorgen, die etwas teurer sind.

Bezugsquellen: Kryolan GmbH
Papierstraße 10
1000 Berlin 51

Am besten Katalog anfordern!

● 4. Masken aus Agoplast ●

Agoplast ist ein Material, das hauptsächlich in der Schuhherstellung zur Verstärkung von Schuhkappen verwandt wird. Der Vorteil dieses Materials ist die leichte und schnelle Verarbeitung gegenüber Pappmaché. Der Nachteil liegt im Preis. 1qm kostet je nach Stärke zwichen DM 9,– und DM 18,–. Die fertigen Masken, z. B. Gesichtsmasken sind sehr stabil und dennoch biegsam, und eignen sich deshalb sehr gut für längere Maskenspiele und Wiederaufführungen.

Material und Werkzeuge

Agoplast (Sortenbezeichnung Atlas-Ago / Stärke: dünn oder mittel) – Ago-Lösungsmittel (oder zur Not »Universalverdünner«) – Schüsseln aus Porzellan oder Blech – Schere – Vaseline – dünne Haushaltsfolie – Ton – Holzscheite und alte Plastikeimer – Zeitungspapier – Cutter – Plakafarben – Pinsel – Sprühdose Mattlack – grobes Schleifpapier – Gummiband.

So wird's gemacht

Das Verfahren ist im Prinzip das gleiche wie beim Kaschieren mit kleistergetränktem Zeitungs- oder Packpapier. Man braucht zur Herstellung eine Grundform, auf die das Agoplast kaschiert wird. Bei der Herstellung von Masken, die man sich zum Spielen aufsetzen kann, wird die Grundform aus Ton modelliert. Man kann dabei den billigsten Ton nehmen, den man bekommen kann – bei einer Ziegelei nachfragen-, da er nicht gebrannt werden muß. Um nicht unnötig viel Ton zu verbrauchen, werden als Füllmaterial Holzscheite genommen, die auf dem mit Zeitungspapier abgedeckten Arbeitsplatz flach ausgelegt werden. Jetzt muß schon darauf geachtet werden, wie groß die Maske ingesamt werden soll. Über die Holzscheite wird der Ton geformt. Dabei sollen die Konturen wie Augen, Nase, Mund, Stirn usw. möglichst grob und deutlich modelliert werden. Die fertige Maske wirkt dann plastischer und ausdrucksstärker. Auch darf man nicht in den Fehler verfallen, zu flache Tonformen zu modellieren. Am besten von der Seite überprüfen, wie die Maske wirkt, da im Spiel mit der Maske sie nicht nur von vorne gesehen wird.

Ist die Tongrundform fertig und zur Zufriedenheit gelungen, wird ein Trennmittel aufgetragen. Bei kleineren Formen nimmt man dazu Vaseline, bei größeren Formen wird dünne Haushaltsfolie darübergelegt und der Form angepaßt. Das Agoplast wird nun in Streifen und weiter in kleinere und größere Quadrate und Rechtecke gerissen, aber nicht geschnitten. Durch das Reißen werden nachher die Übergänge nicht hart, sondern fließend und glatt. Ago-Lösungsmittel wird in eine Schüssel gegeben und die Qua-

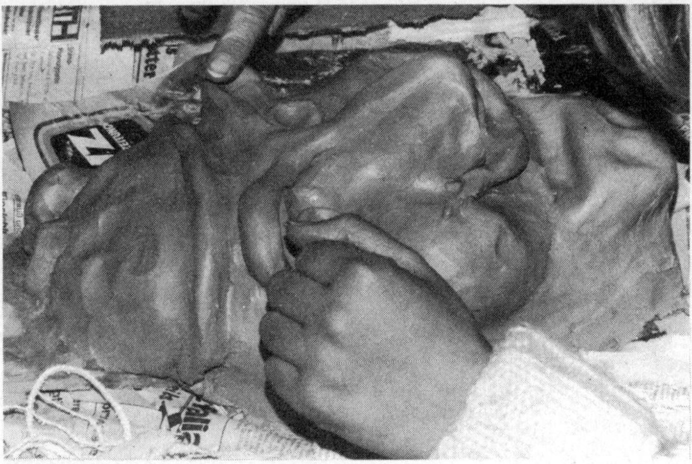

Modellieren der Tongrundform

drate werden solange eingetaucht, bis sie sich vollgesogen haben. Danach fühlen sie sich etwa wie Fensterleder an und kleben beidseitig. Da das **Lösungsmittel feuergefährlich** ist, darf **nicht** im Raum **geraucht** und wegen der Dämpfe muß auch bei **offenem Fenster** gearbeitet werden.

Die nassen Quadrate werden nun auf die Tonform gelegt und zwar schuppenartig übereinanderlappend. Die Ränder werden gut – am besten mit dem Daumennagel – verrieben. Die Übergänge und Ränder müssen dabei fast verschwinden. Die fertige Maske hat dann eine gleichmäßige Oberfläche. Für kleine Masken bis ca. 30 cm Größe nimmt man dünnes Atlas-Ago. Ab 30 cm Größe und bei Schwellköpfen empfiehlt sich die mittlere Stärke von Atlas-Ago. Wenn die Tongrundform vollständig kaschiert ist, läßt man sie 4–6 Stunden austrocknen und löst die fertige Maske von der Tonform. Wird dies vorsichtig gemacht, kann die Tongrundform ein weiteres Mal für einen Abdruck benutzt werden. Beim Abnehmen kann es passieren, daß an manchen Stellen die

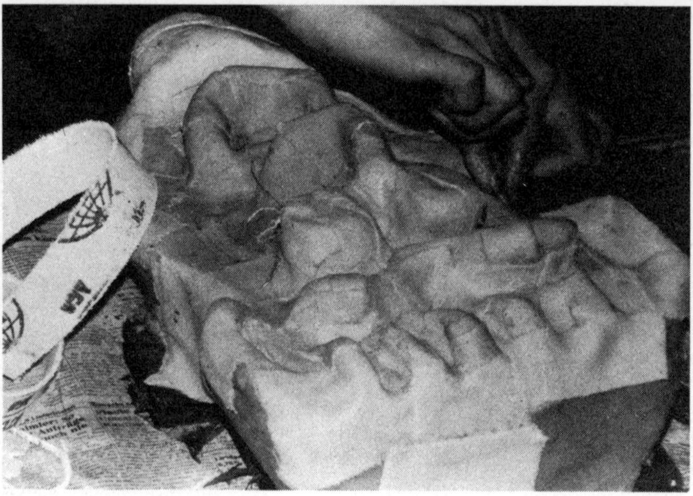

Kaschieren mit Agoplast

Agoplast-Maske mit dem Cutter aufgeschnitten werden muß, um sie aus dem Ton zu lösen. Die aufgeschnittenen Stellen werden dann wieder mit eingeweichten Agoplaststücken verklebt.
Wird die Maske zum Spielen benutzt, müssen Sehschlitze und Luftlöcher hineingeschnitten werden. Am besten ist es, wenn die Sehschlitze mit den Augen der Maske übereinstimmen, da man sie dann größer machen kann und beim Spielen einen größeren Überblick hat. Die trockene Maske wird anschließend mit Sandpapier glattgeschliffen, mit einer Schicht weißer Plakafarbe grundiert und bemalt. Auf die trockene Farbe sprüht man eine dünne Schicht Mattlack, um sie haltbar zu machen. Zum Schluß wird ein Gummiband befestigt. Nach der ersten Anprobe klebt man von innen Schaumstoffstücke an die Stellen, wo die Maske stark gegen das Gesicht drückt.
Eine einfache **Gesichtsmaske** wird nach dem gleichen Prinzip erstellt, nur daß man statt der Tonform den Gipsnegativabdruck vom Gesicht mit dünnem Agoplast sehr sorgfältig auslegt (Herstellung des Gipsabdruckes siehe entsprechende Bauanleitung

S. 66). Bevor der Gipsabdruck ausgelegt wird, muß er dünn mit Vaseline eingerieben werden. Als Maske erhält man dann eine Vollmaske, hinter der kaum gesprochen werden kann. Wenn man das Kinn und die Mundpartie ausschneidet, ist es möglich, mit dieser dann entstandenen Halbmaske Dialoge zu führen oder Ansagen zu machen.
Auch ein **Schwellkopf** (Ganzmaske, die den ganzen Kopf umschließt) bereitet bei der Herstellung keine größeren Schwierigkeiten. Als Sockel für die Tonform nimmt man am besten einen alten umgestülpten Eimer, dessen unterer Durchmesser größer als ein Kopfdurchmesser sein muß. Über diesen Eimer wird dann die Tonform wie oben beschrieben modelliert. Auch hier gilt, daß Augen, Nase, Mund, Ohren u. a. möglichst großzügig geformt werden müssen, um dem Schwellkopf eine eindrucksvolle plastische Wirkung zu geben. Wenn das Agoplast durchgetrocknet ist, muß der Schwellkopf mit dem Cutter oder einer scharfen Schere aufgeschnitten und anschließend mit eingeweichtem Agoplast von innen wieder verklebt werden. Wenn sorgfältig gearbeitet wurde, können auch hier mehrere Abdrücke gemacht werden.

✶ Am Rande bemerkt ✶

Der Fantasie sind bei den Agoplast-Masken keine Grenzen gesetzt. Die Schwellköpfe können Tiergestalt annehmen. Es können auch Requisiten für Theaterstücke gebastelt werden: z. B. Bäume, übergroße Hände, Fernsehapparate usw. Auch Figuren für ein Gartenschach oder große Krippenfiguren sind denkbar. Der Vorteil liegt in der schnellen Verarbeitung, der Stabilität und dem geringen Gewicht der Agoplast-Figuren. Auch überdimensionale Figuren lassen sich bequem tragen.
Während der Arbeit mit Atlas-Ago und dem Ago-Lösungsmittel verkleben die Finger. Die Klebeschicht kann aber leicht mit einem Lappen, der mit dem Lösungsmittel getränkt wird, abgerieben werden.

Bezugsquellen, Adressen, Hinweise

Altas-Ago in verschiedenen Stärken und Ago-Lösungsmittel kann man bei der Firma:
Degussa Werk Hanau, Postfach 602, 6450 Hanau 1 Tel.: 06181/59–1 oder Degussa Zweigniederlassung Düsseldorf, Steinstraße 20, 4000 Düsseldorf 1 Tel.: 0211/8794–1 bestellt werden.
Meist wird von dieser Firma eine Mindestabnahme des Materials gefordert, die den Bedarf einer Gruppe übersteigt. Entweder man sucht Kontakt zu anderen Gruppen, die ähnliches machen wollen, oder fragt in einer Schuhreparaturwerkstatt nach dem Materialgroßhändler. Da Agoplast für die Schuhherstellung produziert wird, müßte es dort zu bekommen sein.

5. Fingerpuppen aus Tesakrepp

Die Fingerpuppen aus Zeitungspapier und Tesakrepp sind schnell und einfach herzustellen. Sie können damit als Einstieg in verschiedene Gruppenaktivitäten, Vorstellung auf Seminaren, in der Kindergruppe usw. eingesetzt werden. Das Spiel mit den einfachen Fingerpuppen ist gleichzeitig ein Einüben in grundlegende Techniken des Puppenspiels überhaupt: Stimme verstellen, Stimmungen in Bewegungen ausdrücken, den Puppen einen bestimmten Charakter zuordnen usw. Aber auch ohne diesen Bezug zum Puppenbau und Puppenspiel ist die Herstellung solcher Fingerpuppen eine interessante Einzelaktion in einer Gruppenstunde. Man kann der Fantasie dabei freien Lauf lassen und zwischen Schmetterling und Elefant können alle möglichen Gestalten entstehen.

Material und Werkzeuge

Altes Zeitungspapier – Karteikarton oder dünne Pappe – Schere – Tesakrepp, grob und mit glatter Oberfläche – Plakafarbe oder Fingerfarben – Filzstifte – Pinsel.

So wird's gemacht

Zuerst wird ein Fingerröhrchen aus einer kleinen Karteikarte oder dünner Pappe um den Spielfinger gewickelt und mit Tesakrepp fixiert. Das Fingerröhrchen, das nicht zu lang sein sollte, wird dann abgenommen und darauf eine Kugel aus Zeitungspapier geknäult. Die Kugel wird mit Tesakrepp umwickelt und mit dem Fingerröhrchen verklebt. Nun wird mit weiterem Zeitungspapier die Grundform des Kopfes herausgebildet, wobei das Papier möglichst fest in die gewünschte Form gepreßt werden sollte. Um diese Form wird grobes Tesakrepp gewickelt. Anschließend werden Nase, Hüte, Ohren und bei Tieren Flügel u. a. mit Tesakrepp befestigt. Ist alles soweit fertig, wird noch eine Schicht glattes Tesakrepp darübergewickelt. Wenn es schnell gehen soll, kann die-

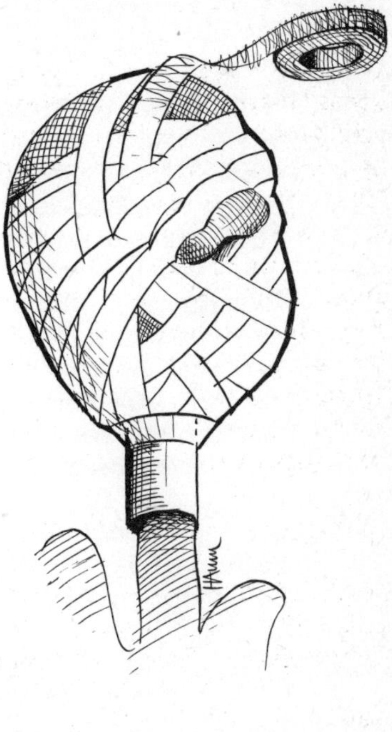

Tesakrepp-Puppe

ser Arbeitsgang wegfallen. Er dient nur dazu, um der fertigen Puppe eine gleichmäßige Oberfläche zu geben.
Anschließend wird die Fingerpuppe mit Filzstiften, Plaka- oder Fingerfarbe bemalt. Werden Filzstifte benutzt, ist die Puppe sofort spielbar. Fingerfarben brauchen etwas länger zum Trocknen, und am längsten dauert es mit Plakafarbe. Man sollte also vorher überlegen, wo, wann und mit wem man diese Puppen herstellen will und danach die Farben auswählen. Die gesamte Herstellungszeit dieser Fingerpuppen beträgt zwischen 20 und 40 Minuten.

6. Puppen aus Pappkugeln und Pappeiern

Viele Leute trauen sich die Gestaltung von Spielpuppen nicht zu, weil sie meinen, daß sie die Puppenköpfe nicht gut genug plastisch gestalten können. Sie können sich nicht vorstellen, wie man aus einem Holzklotz oder einem Klumpen Ton ein Gesicht mit einem bestimmten Ausdruck herstellt. Dabei ist dies gar nicht so schwer wie oft angenommen wird. Noch leichter wird der Zugang zum Puppenbau, wenn man Pappeier oder Pappkugeln als Ausgangsmaterial nimmt. Durch die Kugel oder das Ei sind die wesentlichen Kopfformen nämlich schon vorgegeben und man braucht nur noch die Gesichtspartien zu gestalten. Der Vorteil der Puppenköpfe aus Pappeiern und Pappkugeln ist das geringe Gewicht, das sich später beim Spielen positiv auswirkt. Die großen Pappkugeln und -eier eignen sich sowohl für Handpuppen als auch für Stabpuppen und lassen sich beliebig mit anderem Material kombinieren. Im Gegensatz zu Puppenköpfen aus Pappmaché ist die Herstellungszeit wesentlich kürzer.

Herstellung eines Puppenkopfs aus Pappeiern und Pappkugeln

Material und Werkzeug

Pappeier und Pappkugeln (Durchmesser und Länge zwischen 3 und 14 cm) – Fingerröhren aus Pappe – Alleskleber – UHU hart – Tapetenkleister – Packpapier – scharfe Schere – Cutter – Plakafarben – Stoff – Pinsel – diverses Material für Haare, Brillen usw. – Mattlack.

So wird's gemacht

Bevor die Herstellung der Puppenköpfe in einer Gruppe beginnt, sollte man einige Dinge deutlich machen, damit nicht einfach wild drauflos geklebt wird und nachher die Ergebnisse enttäuschend sind oder die fertigen Köpfe sich kaum zum Spielen eignen. Deutlich muß werden, daß die Gesichtsform möglichst plastisch aus-

gearbeitet und nicht nur durch flache Pappstreifen angedeutet wird. Je nach Lage und Neigung des Pappeies bekommt der Kopf einen anderen Charakter. Ausgeprägte Stirn und kleines Kinn wirken wesentlich anders, als wenn man das Ei herumdreht und damit die untere Kopfpartie betont wird. Bei der Einpassung der Fingerröhre ist wichtig, daß sie in die hintere Hälfte schräg eingesetzt wird. Das Gesicht der Puppe sollte bei gestrecktem Finger leicht nach unten blicken, da die Puppe sonst beim Spielen (das immer im Stehen geschehen soll) über die Zuschauerköpfe hinwegschaut. Auch die Aufteilung der Gesichtspartien Augen, Nase und Mund sollte mitbedacht werden. Am besten ist es, man hat einen Puppenkopf dabei, an dem man die verschiedenen Elemente deutlich machen kann. Wichtig ist auch noch der Hinweis, daß eine symmetrische Anordnung der einzelnen Gesichtspartien meistens sehr langweilig wirkt und ein paar schräge Linien den Puppenkopf abwechslungsreicher und interessanter werden lassen.
Das Rohmaterial, die Pappeier und -kugeln in den verschiedensten Größen (von den kleinen sollten ungefähr die dreifache Menge vorhanden sein), die Scheren, der Klebstoff liegen bereit, und nun kann der Bau beginnen. Die kleinen Eier und Kugeln werden aufgetrennt und geviertelt oder anders zerschnitten. Die Fingerröhren können aufgeschnitten, mit kleinen Kugeln kombiniert interessante Nasenformen ergeben. Die Teile der kleineren Kugeln und Eier werden nun auf der Kugel kombiniert, so daß ein Gesicht darauf entsteht. Dabei sind der Fantasie keine Grenzen gesetzt, wie angeordnet wird oder welche Hilfsmittel noch dazu verwandt werden. Nur sollte man nicht übertreiben, da zu viele Teile im Endeffekt unübersichtlich und unruhig wirken und damit der wesentliche Gesichtsausdruck verdeckt wird.
Da man hier experimentieren muß, empfiehlt es sich, die Teile nicht gleich auf die Kugeln fest aufzukleben, sondern erst nur mit wenig Alleskleber zu befestigen. Erst wenn die Gesichtsform endgültig feststeht, werden die Klebestellen mit etwas mehr Klebestoff beträufelt, auf die entsprechende Stelle gedrückt, wieder abgenommen und kurz angetrocknet. Danach werden sie fest und endgültig auf die Stelle geklebt. Die Kanten, die stärker beansprucht werden wie z. B. das Loch für die Fingerröhre, sollen

mit UHU-hart festgeklebt werden. Man sollte die Fingerröhren um etwa die Hälfte kürzen und den dickeren Teil benützen, damit nachher mehrere Personen mit der Puppe spielen können. Beim Einsetzen der Fingerröhre in den Kopf ist daran zu denken, daß das Gesicht schräg nach unten gerichtet ist. Das Loch schneidet man am besten mit einem Cutter in die Pappkugel. (Die Cutter werden für Schneidearbeiten an Teppichböden oder PVC-Belag gebraucht.)

Ist der Puppenkopf in seiner Rohform fertiggestellt, wird er mit Packpapier kaschiert. Dafür reißt man aus einem Bogen Packpapier ein mittleres Stück heraus, bestreicht es von beiten Seiten mit angesetztem Tapetenkleister, knüllt es zusammen und drückt es leicht durch, damit alles Papier vom Kleister durchtränkt wird. Danach zieht man das Knäuel wieder vorsichtig auseinander und reißt kleine Stücke heraus. Diese Stücke werden schuppenartig auf den Puppenkopf kaschiert. Dieses Kaschieren hat zwei Gründe. Zum einen gibt es dem ganzen Kopf eine größere Stabilität, zum anderen werden die Oberfläche geglättet und Unebenheiten oder Ritzen überklebt. Bitte aufpassen, daß beim Kaschieren keine Falten entstehen! Am besten glättet man das Packpapier mit den Fingernägeln oder einem Falzbein. Wenn der fertig kaschierte Kopf in die Nähe der Heizung gestellt wird, ist er in ca. 2 Stunden durchgetrocknet und kann mit Plakafarbe bemalt werden. Sinnvoll ist es, die getrocknete Farbe kurz mit Mattlack zu überziehen. Die Farbe wird dadurch unempfindlicher und bekommt bei Scheinwerferlicht interessante Glanzeffekte.

Die Bekleidung der Puppe soll hier nur kurz beschrieben werden, da man dies in Büchern über Handpuppen ausführlich nachlesen kann. Ein Schnittbogen entsteht dadurch, daß man seine Spielhand auf ein Blatt Papier legt und die Konturen großzügig mit einem Stift nachzeichnet. Dabei muß man auf die Fingerstellung für das Puppenspiel achten. Der Puppenkopf wird nämlich auf den Zeigefinger gesteckt, die Puppenarme werden durch Daumen und den kleinen Finger gebildet. Nach diesem Schnittmuster schneidet man den ausgesuchten Stoff, näht ihn zusammen und näht verschiedene Dinge wie Hände, Knöpfe und Hemdkragen auf. Das »Puppenkleid« muß möglichst lang sein, damit bei ausgestrecktem Arm die Puppe unten nicht auf einmal »nackt« wird.

Das Puppenkleid ist lang genug, wenn es bis zum Ellenbogen reicht. Es wird oben am Puppenhals befestigt, der einen Rand mit aufgeklebter Schnur bekommen hat.

✶ Am Rande bemerkt ✶

Eine weitere Möglichkeit, die Gesichtsform mit dieser Technik zu variieren, besteht darin, die Kugeln oder Eier, die die Kopfform bilden, schräg aufzuschneiden und versetzt wieder zusammenzukleben. Oder man trennt die großen Pappeier oder Pappkugeln auf und steckt die Hälften so ineinander, daß die Öffnung nach vorne schaut. In diese Öffnung sind die kleinen Pappteile so einzukleben, daß Gesichter entstehen. Auch für Tierköpfe ist dieses Verfahren gut geeignet. Wiederum sind der Fantasie beim Puppenbau hier keine Grenzen gesetzt.

☎ Bezugsquellen, Adressen, Hinweise ☎

Die Pappeier, Pappkugeln und die Fingerröhren sind durch den Gerstäcker – Verlag (Obere Hardt 27 Postfach 349, 5208 Eitorf/Sieg Tel.: 02243/2666) zu beziehen. Am besten den Gesamtkatalog bestellen!
Diese Puppenbautechnik ist ausführlicher dargestellt bei:
Hans-Jürgen Fettig, Kleine Bühne – großer Spaß
Verlag Frech, Stuttgart 1977
Dieses Buch enthält zusätzlich Anregungen, wie man aus diesen Puppen Stabpuppen herstellt. Auch andere Puppenarten und Anleitungen für den Bau von Puppenbühnen werden in diesem Buch beschrieben.

● 7. Puppenköpfe aus Papiermaché ●

Die Herstellung von Puppenköpfen aus Papiermaché ist neben den holzgeschnitzten Köpfen und den Köpfen aus Ton wohl die älteste Technik im Puppenbau. Der Vorteil liegt in den geringen Materialkosten. Die Köpfe sind bei richtiger Bearbeitung nicht schwer und damit leicht spielbar. Auch Hände, Füße und andere Requisiten können aus Papiermaché hergestellt werden.

Material und Werkzeuge

Modellierständer – Ton oder Plastilin – Vaseline – Modellierbesteck – Zeitungspapier – Sägemehl – Tapetenkleister – Cutter – Wasserglas – Plakafarbe – Schüssel – Schere – kleiner Plastikbeutel – Gips oder Moltofill.

So wird's gemacht

Grundlage für das Verfahren mit Papiermaché ist Zeitungspapier oder anderes weiches Papier, das in möglichst kleine Fetzen gerissen wird. Diese Papierfetzen werden in kaltem Wasser eine Nacht aufgeweicht. Man kann sie aber auch zu einem Brei verkochen. Der Papierbrei darf nicht zu dünn sein. Man darf aber auch keine Papierfetzen erkennen, sie müssen vollständig aufgelöst sein. Diesem Brei fügt man angesetzten Tapetenkleister zu und etwas Sägemehl, das die überschüssige Feuchtigkeit aufsaugen soll. Das richtige Mischungsverhältnis muß von Fall zu Fall erprobt werden. Dieser Masse kann zum Schluß noch etwas Gips oder Moltofill als Härtemittel zugefügt werden.

Zum Modellieren braucht man einen kleinen Modellierständer, den man sich aus einem kleinen Holzbrett (ca. 10×10 cm) und einem 15 cm langen Rundstab (Durchmesser ca. 3 cm) selbst herstellt. Darauf wird ein kleiner Plastikbeutel mit Sägemehl oder Zeitungspapier gestülpt. Dieser Beutel wird nachher wieder aus dem Puppenkopf herausgenommen, er dient nur dazu, um von

vornherein einen Hohlraum im Puppenkopf entstehen zu lassen, der u. a. das Gewicht des Kopfes verringert. Um diese Kugel wird dick die Papiermachémasse aufgetragen und der gewünschte Kopf modelliert. Nicht die kleinen Details sind dabei wichtig, sondern das Gesicht sollte möglichst einfach und deutlich hervortreten. Bei einem größeren Abstand des Zuschauers vom Puppenspieler werden kleine Details sowieso nicht mehr wahrgenommen. Auch auf die Größe des Puppenkopfes ist zu achten: nicht unter 10 cm! Sie richtet sich danach, für wieviele Zuschauer das Spiel geplant ist. Je mehr Leute vor der Puppenbühne sitzen, desto größer müssen die Köpfe sein, so daß die hintersten Reihen noch etwas erkennen können.
Nach dem Modellieren wird der Kopf beiseite gestellt und am besten am Fenster langsam durchgetrocknet. Wenn die äußere Schicht trocken geworden ist, wird der Plastikbeutel mit dem Sägemehl herausgenommen und der Kopf nochmals von innen durchgetrocknet. Unerwünschte Unebenheiten werden abgeschliffen, der Kopf wird bemalt und mit Haaren, Hut, Brille o. ä. versehen.
Ein etwas anderes Verfahren ist das Kaschieren mit Papier, das die Puppenköpfe noch leichter werden läßt. Auf dem Modellierständer wird ein Ballen Ton oder Plastilin angebracht. Dieser Ton wird nun zu einem fertigen Kopf modelliert. Auch hier ist darauf zu achten, daß die Gesichtszüge möglichst grob gearbeitet werden, da beim Kaschieren viele Feinheiten verschwinden.
Der fertig modellierte Kopf wird nun mit Vaseline bestrichen, um das trockene Papiermaché besser ablösen zu können. Jetzt wird ein größeres Stück Zeitungspapier von beiden Seiten gut mit angesetztem Tapetenkleister – der keine Klumpen mehr haben darf – bestrichen und in markstückgroße Schnitzel gerissen. Geschnittene Kanten werden abgerissen. Diese Stücke werden schuppenartig in mindestens acht Lagen Schicht für Schicht auf den Kopf aufgetragen. Der Hals muß besonders dick versteift werden. Wichtig ist, daß jede Schicht gleichmäßig den ganzen Kopf bedeckt und keine dünnen Stellen entstehen. Je mehr Schichten aufgetragen werden, desto mehr verwischen sich die Konturen. Dem hilft man dadurch ab, indem mit einem Modellierstab die Konturen immer wieder neu herausgearbeitet werden.

Ist der Kopf nach einer genügend langen Trockenzeit hart, wird er von Ohr zu Ohr aufgeschnitten und die beiden Hälften vorsichtig angehoben. Wenn dies sorgfältig genug geschieht, kann der Tonkern für einen zweiten Abzug wiederverwandt werden. Die beiden Kopfteile werden nun mit kleistergetränkten Papierstreifen wieder zusammengeklebt und nach einer entsprechenden Trockenzeit wird das Innere des Kopfes mit etwas Wasserglas ausgespült. Das Wasserglas härtet die Innenwände des Kopfes. Zum Schluß wird eine einfache Pappröhre oben sternförmig aufgeschnitten und als Fingerröhre in das Innere des Kopfes geklebt. Der Puppenkopf ist fertig.
Bei beiden Techniken muß man am unteren Halsende eine Wulst einarbeiten, über die das spätere Puppenkleid gezogen wird. Über die Herstellung von Puppenkleidern wurde auf S. 79 etwas gesagt. Mehr darüber und über den Bau von Puppenbühnen und deren Einrichtungen in den verschiedenen Puppenbüchern, die am Ende dieses Buches aufgeführt sind.

Kaschieren mit Papierfetzen

✶ Am Rande bemerkt ✶

Die Herstellung von Puppenköpfen durch dieses Kaschierverfahren nimmt einige Zeit in Anspruch und kann die Geduld bei Jugendlichen auf eine harte Probe stellen. Dies muß bei der Entscheidung für dieses Verfahren bedacht werden. Leute, die schon eine gewisse Motivation für das Puppenspiel mitbringen oder auf ein konkretes Projekt hinarbeiten, werden eher die nötige Geduld für das Kaschierverfahren aufbringen.
Eine Abhilfe kann die Verwendung von Agoplast sein, wobei das dünnste Atlas-Ago nur in einer Schicht aufgetragen werden muß. Der Nachteil besteht darin, daß nur größere Köpfe damit hergestellt (ab 10 cm Höhe) und keine Feinheiten herausgearbeitet werden können. Zur Verarbeitung von Agoplast siehe S 70.

8. Schattenfiguren

Schattenfiguren und Schattenspiele haben eine sehr alte Tradition, deren Wurzeln in Indien zu suchen sind. In den Legenden vom Ursprung des Schattentheaters wird dessen Bezug zum kultischen Mythos im asiatischen Raum deutlich. Die Funktion besteht in der Verlebendigung der Ahnen mit Hilfe von Schattenfiguren. In Indonesien ist das Schattenspiel mit bunt bemalten Lederfiguren noch heute aktuell. Im Jugenddienst-Verlag wird eine sehr schöne und ausführliche Beschreibung des Spiels mit Wayang-Schattenfiguren herausgebracht, und in einigen Dritte-Welt-Läden kann man die kunstvoll bemalten Lederfiguren kaufen.
In Deutschland hat Lotte Reiniger das Schattenspiel populär gemacht, indem sie es nach dem Ersten Weltkrieg mit dem damals noch jungen Medium des Films verknüpfte. Dadurch entstanden erfolgreiche Schattentheaterfilme, die heute noch zu den Klassikern des Puppenfilms rechnen.
Hier soll eine einfache Technik beschrieben werden, die ohne ei-

Schattenfigur

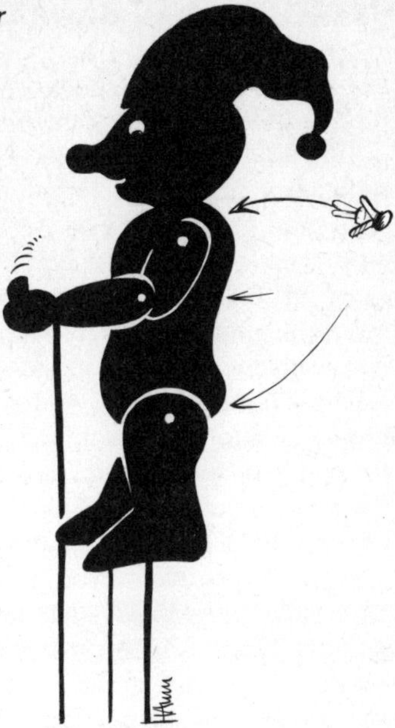

ne Schattenleinwand auskommt. Als »Leinwand« dient hierbei die Projektionsscheibe eines Tageslichtschreibers, der in vielen Schulen und Gemeindehäusern schon zur Standardausrüstung gehört.

Material und Werkzeuge

Tageslichtschreiber – Folien für Tageslichtschreiber – Filzschreiber zum Folienbeschriften – dünner Karton (Karteikarten) – Scheren – Alleskleber – dünnen festen Draht – Hefter und Heftklammern – Musterbeutelklammern (sie dienen zum Verschließen von großen Briefumschlägen).

Die Herstellung der Schattenfiguren ist denkbar einfach. Aus den Karteikarten oder dem dünnen Karton werden die Figuren (nicht größer als 12 cm) ausgeschnitten und auf den Draht, der zur Führung dient, aufgeklebt. Sollen sich die Figuren bewegen können, muß man Arme, Beine oder Köpfe beweglich am Rumpf befestigen. Dies kann mit Hilfe von kleinen Musterbeutelklammern geschehen. Oder man heftet die beweglichen Teile am Rumpf so mit Heftklammern fest, daß nur eine Drahtschlaufe der Klammer durch beide Teile, Rumpf oder z. B. Arm geht. Dadurch lassen sich die Teile bewegen. An den beweglichen Teilen müssen nun dünne Drähte angebracht werden. Der Draht wird durch ein Loch gesteckt und so befestigt, daß er beweglich bleibt.

Sind die verschiedenen Figuren für eine kleine Geschichte fertig, können die Silhouetten für das Scenarium (Häuser, Bäume usw.) ausgeschnitten werden. Die Folien für den Tageslichtschreiber bieten die gute Möglichkeit, den Hintergrund farbig zu gestalten. Auf die Folien können mit farbigen Filzstiften Sonne, Wolken, Himmel usw. aufgemalt werden. Der Hintergrundwechsel ist schnell getan, wenn genügend Folien vorbereitet sind.

Natürlich können die Figuren auch hinter einer normalen »Schattenspielleinwand« gespielt werden, die aus Pergamentpapier besteht und von hinten mit einer starken Lampe beleuchtet wird.

9. Flachfiguren

Eine Technik, die in fast allen Altersstufen eingesetzt werden kann, ist der Bau und das Spiel mit Flachfiguren. Die Herstellung ist einfach und schnell umsetzbar. Für das Spiel ist es nicht so wichtig, ob eine Bühne vorhanden ist oder nicht. Meist wird sie nicht benötigt. Natürlich sind die Spielmöglichkeiten begrenzter, da weniger durch die Bewegung der Figuren ausgesagt werden kann. Auch Dialoge und andere Gespräche kommen nicht so gut zur Geltung. Sie sind mehr für das chorische Spiel geeignet, was bedeutet, daß gerade größere Gruppen (bis zu 20 Personen) am Spiel beteiligt werden können.

Material und Werkzeuge

Fester Pappkarton (große Bögen, mindestens 80×60 cm und ca. 2 mm dick) – kräftige Scheren oder Cutter – Alleskleber – Vierkant-Holzstäbe (2×2 cm) – Schleifpapier – Plakafarben – Pinsel – Nägel (1 cm – Stifte mit breitem Kopf) – Hammer.

So wird's gemacht

Nachdem der Entwurf der Figur klar ist, werden die Konturen auf die Pappe übertragen und anschließend mit einer kräftigen Schere oder dem Cutter ausgeschnitten. Danach werden die Figuren an den Holzstab angenagelt, der so lang sein muß, daß die Spielfigur über den Kopf des Spielers etwas hinausragt. Der Stab sollte vorher mit Schleifpapier glatt und die Kanten etwas rund geschliffen werden, damit man sich keine Splitter in die Finger reißt. Die Flachfigur ist somit fast fertig und braucht nur noch entsprechend bemalt werden.
Da die Figur von beiden Seiten spielbar ist, können auch einfache Tricks verwandt werden, indem die beiden Seiten verschieden bemalt werden. Eine Figur kann damit zum großen Verwandlungskünstler werden.

D. Bücher zum Figurenspiel

Andersen, Benny E.:
Das Puppenspielbuch.
Ravensburg: Otto Maier,
1975, 92 S.

Eine unterhaltsame Einführung. Werk- und Spielvorschläge von der einfachen Strumpfpuppe bis zur Puppenbühne.

Currell, David:
The complete book of puppetry.
Bath: The Pitman Ress,
1976, 206 S.

Dieses Buch ist zwar nur in englischer Sprache erhältlich, enthält dafür eine große Zahl von guten Anregungen.

Fettig, Hansjürgen:
Hand- und Stabpuppen.
Stuttgart-Botnang: M. Frech,
1970, 120 S.

Für Interessierte und Fortgeschrittene.

Fettig, Hansjürgen:
Kleine Bühne– großer Spaß.
Stuttgart: M. Frech,
1977, 112 S.

Vom Gemüsetheater bis zum Bühnenbau sind hier für Anfänger brauchbare Vorschläge enthalten.

Finke, Ulrike u. a.:
Spielstücke für Gruppen.
München: Kaiser,
1977, 238 S.

Einige weiterführende Tips zum Maskenbau und Schminken. Spiel- und Schauspielübungen.

Konrad, Johann Friedrich:
Kalina und Kilina,
Problemorientierter Religionsunterricht mit Handpuppen für Kindergarten und Grundschule.
Gütersloh: Gütersloher Verlagshaus Gerd Mohn,
1975, 144 S.

Rueffer, Alwin Michael:
Die Alsfelder Weihnacht 1517.
Königstein: Hans Köster KG,
1976, 47 S.

Rueffer, Alwin Michael:
Die Alsfelder Passion 1517.
Königstein: Hans Köster KG,
1978,

Diese beiden Bücher enthalten die ursprünglichen Texte von volkstümlichen Puppenspielen zum Thema Weihnachten und Passion. Sie sind illustriert mit Bildern von Aufführungen des Steinauer Marionettentheaters.

Die meisten hier aufgeführten Bücher sind zu beziehen über:
Verlag: Puppen & Masken, Eppsteinerstr. 22,
6000 Frankfurt/M. 1
Bei diesem Verlag können auch AGOPLAST und STYROFOAM für den Masken- und Puppenbau bestellt werden (Katalog anfordern).

E. Puppentheatergruppen und Puppenbühnen

Diese Puppentheatergruppen und -bühnen sind im Puppentheaterverband zusammengefaßt. Sie geben gerne Auskunft und sind an Spielaufträgen interessiert.

Stuttgarter Marionettentheater Hugo Bairle
7000 Stuttgart 1, Postfach 3006, Ruf 0711/251392

Berliner Mäusetheater Kristiane Balservicius
1000 Berlin 45, Spindelmühlerweg 19, Ruf 030/8116541

Puppenbühne Bergner
2000 Hamburg 61, Paul-Sorge-Str. 54, Ruf 040/5523875

Wyker Puppenbühne Arno Beuckenhauer
2240 Heide (Holstein) Markt 7, Ruf 0481/2080

«kleines spectaculum« Ilsebyll Beutel
7000 Stuttgart, Überkingerstr. 4b. Spöri, Ruf 0711/568885

Rottweiler Puppenspiele Fred Bille
7239 Oberndorf-Beffendorf, Bubwiesenstr. 15, Ruf 07423/4144

Die Schwabacher Marionettenbühne Ruth Bloss
8541 Penzendorf b. Schwabach, Siedlerstr. 1, Ruf 09122/3408 (71408)

Frankfurter Figuren-Werkstatt Dieter Brunner
6000 Frankfurt/M. 90, Diemelstr. 9, Ruf 0611/727095 + 777603

Der Puppenspieler aus der Heide Walter Büttner
2105 Seevetal 3 (Maschen) Kasperhaus, Ruf 04105/83939

Gießener Puppenkiste Roland Dworschak
6300 Lahn-Gießen1, Wißmarer Weg 16

Flintbeker Puppentheater Hans-Joachim und Doris Engler
2302 Flintbek, Stoppelkamp 3, Ruf 04347/826

Hanauer Figurentheater Oskar Feder
6456 Langenselbold, Oberdorfstr. 33, Ruf 06184/2197

Figurentheater Fey Fritz Fey
2419 Schmilau (Kreis Herzogtum Lauenburg), Haus Kuhlbreede, Ruf 04541/3757

Gerhards Marionetten Wolfgang Gerhards
7170 Schwäbisch Hall, Schenkenseestr. 10, Ruf 0791/2465

Hamberlino-Puppenspiele Arthur Gräber
3110 Uelzen, Finkenstieg 1, Ruf 0581/3105

Puppenkabinett Anton Kasper
4200 Oberhausen 1, Josefstr. 74, Ruf 0208/27788

Puppentheater Dieter Kieselstein
4630 Bochum 6, Gertrudenhof 13, Ruf 02327/31812

Koblenzer Puppenspiele Hans Kötteritzsch
5400 Koblenz, Im Rauental 3, Ruf 0261/46727

Marionettenduo Bochum Wolfgang Kurock
4630 Bochum, Am Kreuzacker 10, Ruf 0234/551429

Soldiner Puppenbühne Kassel Fritz Leese
3582 Felsberg 1 – Altern-brunslar, Zimmerplatz 13, Ruf 05662/740

Frechener Handpuppentheater Brigitte Lück
5020 Frechen, Üsdorfer Str. 26

Steinauer Marionettentheater »Die Holzköppe« Karl Magersuppe
6497 Brüder-Grimm-Stadt Steinau, Postfach 245, Ruf 06663/245

Der Vogelberger Kasper Günther Menzel
6476 Hirzenhain-Merkenfritz, Märchenland, Ruf 06045/542

Juppheidie-Donau-Puppenspiele Willibald Meyer
8881 Eppisburg/Dillingen, Nr. 86, Ruf 09075/661

«die werkstatt« Ted Moré
7119 Künzelsau-Nagelsberg, Bruno-Lambert-Str. 2, Ruf 07940/2805

Studio Erich Namenhauer
3000 Hannover, Omptedastr. 23, Ruf 0511/662187

Aschaffenburger Marionettentheater Erwin Obst
8750 Aschaffenburg, Postfach 587, Ruf 06024/443

Puppenspielverein Kaufbeuren e. V.
Leiter Alois Raab
8950 Kaufbeuren, Wagenseilstr. 14a, Ruf 08341/81422

Gustaf und sein Ensemble Albrecht Roser
7000 Stuttgart 1, Urbanstr. 49, Ruf 0711/223509

Handpuppenbühne Gerhard Sagert
3000 Hannover, Pfarrstr. 29a, Ruf 0511/4 34 29

Wuppertaler Puppenspiele Hans Scheu
5600 Wuppertal 2, Stahlsberg 46, Ruf 0202/523671

Sindelfinger Puppenbühne Helmut Schmiedeberg
7032 Sindelfingen, Wilhelm-Haspel-Str. 95, Ruf 07031/874328

Figurentheater »De Poppenspeeler« Kurt Seiler Hannover
3004 Isernhagen 1 Ludwig Thomastr. 6, Ruf 0511/612720

Bielefelder Puppenspiele Hellmut Selje
4800 Bielefeld, Bunker Ulmenwall, Ruf 0521/60840+05224/2106

Junior-Puppenbühne Detlev Stocker
4330 Mülheim (Ruhr), Kurfürstenstr. 20, Ruf 0208/421792

Frankfurter Puppenkabinett Werner Stephan
6230 Frankfurt/M. 80, Rombergstr. 67, Ruf 0611/363732

Mühlheimer Kaspertheater Martha Stocker u. Gisela Lohmann
4330 Mühlheim-Ruhr 13 (Saarn), Hamburgerstr. 1, Ruf 0208/422943

Puppenspielvagantel Erwin Strüver
3400 Göttingen1, Am Herberhäuser Weinberg 17, Ruf 0551/21391

Der Entwicklungshelfer Puppenspiele Werner Suchy
7527 Kraichtal 7, Augartenstr. 5, Ruf 07250/277

PMP-Kindertheater Andreas Wahler
6402 Großenlüder 4, Gerkeke 5, Ruf 06650/266

Welles Marionettentheater Hermann Welle
3000 Hannover, Voss-Str. 23, Ruf über 0511/625882